NEWS

改訂版
ニュースの日本語
聴解50

瀬川由美
紙谷幸子 著

《中級後半─────────上級レベル》

JN037815

スリーエーネットワーク

Published by 3A Corporation.
Trusty Kojimachi Bldg., 2F, 4, Kojimachi 3-Chome, Chiyoda-ku, Tokyo 102-0083, Japan

ISBN978-4-88319-926-6 C0081

First published 2010
Revised Edition 2023
Printed in Japan

はじめに

日本語でニュースを聞こう!

　本書は中級後半レベル以上の人のために作った『ニュースの日本語 聴解50』の改訂版である。初版から10年以上が経ち、「日本の今」に合った内容に改めた。これらのニュースは、実際に放送されているニュースと同じ形式で、経済・金融、政治・行政、社会・生活の3つの章に分けて載せてある。

　日本語でニュースが聞きたいと思っている学習者は多い。しかし、「会話なら分かるのに、ニュースは何を言っているのか分からない」「スピードについていけない」「語彙が難しい」といった声もよく耳にする。本書は学習者が感じているこうした問題を、ニュースの構成と特徴的な表現からポイントをつかむ力を養成することによって克服し、生のニュースが聞き取れるようになることを目指している。

　ニュースは上級レベルでないと聞き取れないと思われがちだが、慣れてしまえば中級レベルの学習者でも理解することができる。それは、ニュースが会話と違って論理的に構成されており、ある程度パターン化されているため、ニュースの構成を知ることによって、どこに集中すればポイントがつかめるのか予測できるからである。また、相場や決算、事件や裁判などのニュースに出てくる語彙や表現には決まったものが多いので、一度覚えてしまえば聞き取れるようになる。

　本書を通じて、ニュースが分かるおもしろさを知ると同時に、日本の社会で日々起きている出来事について理解を深める助けとなれば幸いである。

2023年9月　著者一同

本書の使い方

【本書の対象・目的】

本書は「日本語でニュースが聞きたいが、なかなか聞き取れない」「日本語でニュースを聞いてもポイントがつかめない」と感じている中級後半レベル以上の学習者を対象にした、ニュースを理解するための実践的な聴解力養成のテキストである。

【本書の構成】

本書は、1. 本冊（タスク、解答と聞き取りのポイント、スクリプト） 2. 別冊（重要語彙と例文、索引） 3. 音声（スクリプト、重要語彙とその例文の音声）から成る。

1. 本冊

タスク

各ニュースには1〜6のタスクがあり、これをこなすことによってニュースの構成と内容が理解できるようになっている。ニュースのタスクは以下の通りである。

1. 全体を理解する　―チャレンジしてみよう！―

ニュース全体の構成を意識しながらパート①〜③を1回聞き、キーワードが何かをつかむ練習。

2. ポイントをつかむ　―「〜が／〜は」と、それに続く動詞の部分に注意しよう！―

パート①を聞いて「〜がどうした」をつかむ練習。タスクaでまずポイントとなる部分を書き取り、タスクbで主語と述部を意識しながら、「〜がどうした」の形でニュースの要点をまとめる。

3. 詳細を理解する

パート②を聞いて、ニュースの詳細を理解する練習。パート①の言葉をパート②で同じ意味を表す別の言葉に言い換えていたり、具体例を挙げて説明したりしていることを確認しながら、詳しい内容を聞き取る。

4. 展開をつかむ

パート③を聞いて、ニュースの展開を理解する練習。タスクaでまず展開の要点となる部分を書き取り、タスクbでそれがパート①、②とどんな関係があるかを考える。各章の前半は選択問題、後半は自分で考える問題になっている。

5. 発音を確認する

音声の後に続いてシャドウイングする練習。流れてくるニュースを瞬時に理解するためには、言葉を音で覚えることが大切である。ニュースと同じスピードで言えるようになるまで繰り返し声に出して練習しよう。

6. 構成、内容、意味を確認する

スクリプトを声に出して読むことによって、耳と目を使って学習内容をしっかり定着させる練習。スクリプト通りに読んでみよう。

解答と聞き取りのポイント

タスクの解答（解答例）と、聞き取りのポイントとなる解説をつけた。

スクリプト

本書は経済・金融20、政治・行政12、社会・生活18、合計50のニュースを取り上げている。各章のニュースの内容は後半の方が難しくなっている。

コラム

専門用語と背景知識を簡単にまとめてある。相場や景気、裁判、地震などのニュースで使われる語彙は独特で、知らないと瞬時に理解できないが、決まったパターンの中で同じ語彙が出てくるので、慣れればそれほど難しくない。コラムを活用して実践に役立ててほしい。

2. 別冊

ニュースでよく使われる重要語彙と例文が載せてある。まず、語彙の意味を理解し、音声を聞いて確認する。そして、意味がすぐ分かるようになるまで例文の音声を聞きながら、繰り返し声に出して練習することが大切である。

3. 音声

ニュースのスクリプトと別冊の重要語彙とその例文がある。
音声はスリーエーネットワークのウェブサイトで聴くことができる。
https://www.3anet.co.jp/np/books/3701/

【ニュースの構成と聞き方のポイント】

ニュースの多くは、以下のような構成になっている。

パート①　ポイント
パート②　詳細
パート③　展開

短い時間で多くの情報が伝えられるニュースを瞬時に聞き取るには、その構成を理解し、ポイントとなる部分がどこなのかを予測しながら聞くことが大切である。重要なのは、**パート①の部分から「～がどうした」をつかむこと**である。この「～が」の部分は、背景を説明する長い名詞修飾節を使って表されることが多いので、「～」の部分がどこなのかを正確に聞き取るのが難しい。

　例. 首相の乗った政府専用機が到着する空港周辺の 車道 が封鎖されています。

この場合、「～がどうした」の「～」に当たるのは「車道」であり、「政府専用機」ではない。ニュースのポイントを理解するには、背景を説明する名詞修飾節の中に出てくる「が」と、その後に続く「が」の役割の違いを理解した上で、「～が（＝車道が）」を素早くつかみ、後に続く「どうした（＝封鎖されている）」の部分に備えることが必要である。
また、「～が」の部分を探しにくくしているもう1つの理由に従属節がある。

　例. 選挙で違法行為があったとして、 A議員 が逮捕されました。

この場合、「～がどうした」の「～」に当たるのは「A議員」であり、従属節の中にある「違法行為」ではない。「～が」の部分を探す時は、従属節の後に続く「～が」の部分に注意する必要がある。

ニュースでは「～がどうした」の「～が」の部分を「～は」で表すことがある。「～は」は、ニュースの続報や、放送局が通常取り上げている事柄——例えば、官公庁、企業などの団体や、政治家、企業役員などの公的な立場にある人による発言。株式・為替・決算発表などの情報——を視聴者に伝える場合に使われることが多い。また、ある事柄を対比的に取り上げたい場合にも「～は」の形で表される。

パート②では、パート①で伝えたポイントについて詳しく述べられる。パート①で出てきた言葉をパート②で**同じ意味を表す別の言葉で言い換えたり、具体的に例を挙げたり**しながら説明される。つまり、パート②はパート①の繰り返しなので、たとえパート①が聞き取れなくても、パート②を慌てず落ち着いて聞き取れば、ニュースのポイントをつかむことができるのである。

パート③は、パート①と②について放送局がコメントしたり、追加情報を伝えたり、また、関係者や専門家が今後の見通しや分析などについて述べたことを伝える場合が多い。あくまで補足内容に過ぎない**パート③を、ニュースの中心と取り違えないように気をつけることが大切**である。

【本書の効果的な学習の進め方】

学習者のレベルに応じて以下のような進め方があるが、どちらの場合も毎日地道に続けることが何より大切である。学習時間は、クラスの人数や学習者のレベルにもよるが、1つのニュースを1時間で学習することを想定している。

〈中級学習者〉　経済・金融1から順番に学習する。

1. ニュースを聞く前に、音声を聞きながら別冊の重要語彙を予習し、例文で使い方を確認しておく。
2. タスク1～6に沿って進める。特にディクテーション練習（タスク2-a、タスク4-a）では、どの音が聞き取れなかったのか、スクリプトを見たり、声に出して読んだりしながら確認することが大切である。

〈上級学習者〉　経済・金融1から順番に学習するのが望ましいが、興味に応じてどこから始めてもよい。

1. 別冊の重要語彙の予習をせずに、タスク1を行う。
2. ニュースにタイトルをつける。その後で「～がどうした」の形でニュースの要点を書いてみる。
3. どのぐらい正確に聞き取れたか、タスク2～4で確認する。ディクテーション練習（タスク2-a、タスク4-a）では、特に自分の聞き取れない音を把握することが大切である。
4. 音声を聞きながら別冊の重要語彙を復習し、例文で使い方を確認する。

授業では、学習者自身が自分の弱点（例えば「の」「を」などの助詞、受身文や使役文を聞き落とす、長音や濁点を聞き取れず言葉の意味を取り違えるなど）に気づくよう、本書を活用してほしい。

さらに、語彙や表現を自分のものにし、聴解力アップにつなげるための発展練習として、ニュースについて話し合ったり、自国の状況と比較しながら自分の意見を書いて発表したりするのもよいだろう。

【その他】

漢字のふりがなは、原則として中上級レベルの漢字と語彙につけてある。知らない漢字、語彙はふりがなを手掛かりに自習してほしい。

なお、「日本」の読み方は、国名の場合「にっぽん」とし、そのほかはそれぞれの団体が決めた読み方や、一般的な読み方や慣習に合わせた。

目　次

はじめに ……………………………………………………………… Ⅲ

本書の使い方 ………………………………………………………… Ⅳ

第1章　経済・金融 ………………………………………………… 1

第2章　政治・行政 ………………………………………………… 83

第3章　社会・生活 ………………………………………………… 133

別冊　ニュースによく出る！重要語彙・例文集

第1章
経済・金融

経済・金融 1

1. 全体を理解する — チャレンジしてみよう! —

構成に注意しながらパート①〜③ 🔊 **1** 〜 🔊 **3** を聞いて、キーワードだと思う言葉をいくつか書き出しなさい。

2. ポイントをつかむ — 「〜が／〜は」と、それに続く動詞の部分に注意しよう! —

パート① 🔊 **1** をもう一度聞いて、その内容について答えなさい。

a. 以下を埋めなさい。（○には「が」か「は」を入れなさい。）

_____ ○ 9月6日、東京都中央区京橋に_____

_____ Business-Airport Kyobashi を_____。

b. ニュースの要点について、主語と述部を意識してまとめなさい。

3. 詳細を理解する

パート② 🔊 **2** をもう一度聞いて、その内容について答えなさい。

a. ペットがいるオフィスで働くことで、どんなことが期待できるか。（　　　）に適切な言葉を入れなさい。

・ペットと一緒に働くことで、（①　　　　　　　　　）仕事に取り組めるため、結果として（②　　　　　　　　　）につながること。

・ペットを通して会員同士の（③　　　　　　　　　　　）が生まれ、（④　　　　　　　　　）を生み出すきっかけとなること。

・ペットを飼っていない人にも（⑤　　　　　　　　　）をもたらし、（⑥　　　　　　　　）に寄り添ったワークスペースになること。

b．シェアオフィスについて、{　　　}から正しいものを選びなさい。

・同伴できるペットは {① 小型の動物だけ・犬と猫だけ・小型犬と猫だけ}。

・ペットはオフィスのフロアを {② ケージの中で・リードをつけて・自由に} 過ごす。

・2階から9階までのオフィスのうち {③ すべてペット同伴可・4つの階がペット同伴可・4階だけがペット同伴可}。

4. 展開をつかむ

パート③ 🔊3 をもう一度聞いて、その内容について答えなさい。

a．以下を埋めなさい。

営業時間は午前8時から午後8時までで、＿＿＿＿＿＿＿＿、会員の種類によりますが、月額税込みで＿＿＿＿＿＿＿＿＿＿＿＿＿＿＿＿＿＿＿。

b．パート①、②の内容とどんな関係があるか。正しい番号を選びなさい。

1. ①、②についての追加情報
2. ①、②についての放送局のコメント
3. ①、②についての不動産会社の見通し

5. 発音を確認する

🔊1 〜 🔊3 の後に続いて、同じように言いなさい。

6. 構成、内容、意味を確認する

スクリプトを声に出して読みなさい。

～解答と聞き取りのポイント～

1. 省略

2. a. スクリプト（🔊1 ①）参照
　　b. 東急不動産がペットを同伴できるシェアオフィスを開業する。

　　◆ニュースでは名詞修飾節がよく使われる。名詞修飾節の中に出てくる「が」のつく名詞は文全体の主語ではない。この場合、文全体の主語は「東急不動産」で、「ペット」ではない。

3. a. ①安心して
　　②生産性の向上
　　③コミュニケーション
　　④新たなビジネス
　　⑤セラピー効果
　　⑥心の健康

　　◆「～ことで…」
　　ニュースでは「～という方法を使って…が可能になる、実現する」という意味でよく使われる。
　　◆「～［無意志動詞の辞書形・過去形］＋ため…」
　　「～という理由で、…という結果になった」という意味。「ため」の後に続く文に注意しよう。
　　◆「生産性」
　　どれだけ成果が多く挙げられるかという度合い。
　　◆「（～によると）…ということである／～によると…（ということである）」
　　「情報源～が、…と言っている」と間接的に伝える時の表現。情報源を表す「～によると」が省略されたり、「ということである」が省略されたりすることがある。
　　◆「～としている」
　　ニュースでは「～と考えている」という意味で、会社などが述べた見通しや見解を婉曲に伝える時によく使われる。
　　　例．A社は3年以内にシェア30％を目指すとしています。
　　　　A社は今期の黒字化は厳しいとしています。

　　b. ①人と猫だけ
　　②自由に
　　③4階だけがペット同伴可

4. a. スクリプト（🔊3 ③）参照
　　b. 1

－4－

ペット同伴可能な会員制シェアオフィス開業

🔊**1** ① 東急不動産が9月6日、東京都中央区京橋にペットが同伴できる会員制シェアオフィス Business-Airport Kyobashi を開業します。

🔊**2** ② 家族同様のペットと一緒に働くことで安心して仕事に取り組めるため、結果として生産性の向上につながることや、ペットを通して会員同士のコミュニケーションが生まれ、新たなビジネスを生み出すきっかけとなることが期待できるということです。ペットを飼っていない人にもセラピー効果をもたらし、心の健康に寄り添ったワークスペースを提供できるとしています。床はペットの足に負荷がかかりにくく、清掃しやすい素材を採用しました。同伴できるペットは犬と猫のみで、ペットは自由にフロア内で過ごすことができますが、ケージなどの備品も用意する予定だということです。2階から9階まであるオフィスのうち、4階の1フロアをペット同伴可能なエリアとし、通常動線とペット動線を分けることで、利用者全員が快適に利用できるようにしています。

🔊**3** ③ 営業時間は午前8時から午後8時までで、利用料金は、会員の種類によりますが、月額税込みで9,900円から66,000円ということです。

経済・金融 2

1. 全体を理解する ― チャレンジしてみよう! ―

構成に注意しながらパート①〜③ 🔊 **4** 〜 🔊 **6** を聞いて、キーワードだと思う言葉をいくつか書き出しなさい。

2. ポイントをつかむ ―「〜が／〜は」と、それに続く動詞の部分に注意しよう! ―

パート① 🔊 **4** をもう一度聞いて、その内容について答えなさい。

a. 以下を埋めなさい。（○には「が」か「は」を入れなさい。）

近年、お歳暮の売り上げが伸び悩みを見せる中、11月10日の今日、全国の

_____ ○ _____ 。

b. ニュースの要点について、主語と述部を意識してまとめなさい。

3. 詳細を理解する

パート② 🔊 **5** をもう一度聞いて、その内容について答えなさい。

a. お歳暮は本来、誰に対して贈るプレゼントだったか。

b. お歳暮の「カジュアル化」とは何か。

c. 百貨店では売り上げアップのためにどんな商品を扱っているか。（　　　　）に適切な言葉を入れなさい。

（　　　　　　　　　　）や（　　　　　　　　　　）を意識した商品

4. 展開をつかむ

パート③ 🔊 6 をもう一度聞いて、その内容について答えなさい。

a. 以下を埋めなさい。

各社がしのぎを削る_____

と見られ、_____。

b. パート①、②の内容とどんな関係があるか。正しい番号を選びなさい。

1. ①、②についての顧客の要望
2. ①、②についての放送局の追加情報
3. ①、②についての百貨店の期待

5. 発音を確認する

🔊 4 ～ 🔊 6 の後に続いて、同じように言いなさい。

6. 構成、内容、意味を確認する

スクリプトを声に出して読みなさい。

～解答と聞き取りのポイント～

1. 省略

2. a. スクリプト（🔊 4 ①）参照
   b. 百貨店でお歳暮商戦がスタートした。

   ◆「～中、…」
   ニュースでは事柄「…」の背景を表す時、「～中、…」がよく使われる。従属節「～中」の「～」に出てくる「が」のつく名詞「お歳暮の売り上げ」は、この文の重要な主語ではない。文の重要な主語は後に続く「…」の中の「お歳暮商戦」である。「～中」が出てきたら、その後に出てくる「が」（「は」の場合もある）に注意して聞こう。

3. a. 会社関係、親戚、近所の人など。
   b. 自分や家族のために購入して美食を楽しむことなど。

   ◆「～化」
   「～の状態になる」という意味で、「自動化」「デジタル化」「民主化」などの表現がある。「化」の前の言葉は「化」がつくことによって、アクセントが変わるものもある。「～化」の形で音声とともに覚えよう。▶ 経済・金融17 ◆「～化を図る」参照

   ◆「～{の／こと}を受け(て)…」
   ニュースでは、「～という出来事に対応して…する」という時によく使われる。結論は「…」の方に出てくるので、「を受け(て)」が聞こえたら、後に続く文をしっかり聞き取ろう。

   c. 巣ごもり需要　サステナブル

   ◆「A(や)、B、C、D(など) {の／といった}＋[名詞]」
   [名詞]の具体的な例を示す。このような表現が出てきた場合、すべて理解できなくても、「A、B、C、D」または[名詞]のどちらかが聞き取れれば意味を推測することができる。

   ◆「[名詞]＋層」
   [名詞]という年齢、地位、能力、種類などから見たグループのこと。「若年層」「中高年層」「富裕層」「低所得者層」「知識層」などがある。

   ◆「[動詞マス形]＋込む」
   「何かの中に{入れる／入る}」「十分に(すっかり)[動詞]する」という意味。
   例. インターネットへのサイトへの悪質な書き込みが社会問題になっている。

4. a. スクリプト（🔊 6 ③）参照
   b. 2

   ◆「～と見られる／考えられる／思われる」
   ニュースで取り上げた話題について、放送局が予想や見通しをコメントの形で視聴者に伝える時によく使われる。

お歳暮商戦、本格スタート

4 ① 近年、お歳暮の売り上げが伸び悩みを見せる中、11月10日の今日、全国の百貨店でお歳暮商戦が本格的にスタートしました。

5 ② お歳暮は本来、年末に会社関係や親戚、近所の人などに対して「今年もお世話になりました」という気持ちを込めて贈るプレゼントでしたが、最近はその意味が薄れつつあり、自分や家族のために購入して美食を楽しむといった「カジュアル化」の傾向が見られます。こうしたことを受け、百貨店各社では「巣ごもり需要」や「サステナブル」を意識した商品を豊富に取り揃えています。老舗料亭の鍋セットや循環型農業で育った豚肉のしゃぶしゃぶセット、国産オーガニックワイン、フェアトレードコーヒーなどの工夫を凝らした商品を打ち出し、幅広い顧客層を取り込んで売り上げアップを狙っています。

6 ③ 各社がしのぎを削るお歳暮商戦は今月下旬にピークを迎えると見られ、12月半ばまで続きます。

（上の内容は創作したものです。）

コラム　～ビジネスは戦争～

ビジネスを扱ったニュースでは、「～商戦」のように、戦いに関係する言葉がよく使われる。分からない言葉が出てきても、戦いをイメージしながら聞くと分かりやすい。

例. 安売り戦争を仕掛ける。　　　　　　　値引き合戦を繰り広げる。
　　生き残りを賭けて戦い抜く。　　　　　12月は総力戦で臨む。
　　開店日には応援部隊が駆けつけた。　　来期の経営戦略を立てる。
　　他社に先駆けて新商品を投入する。　　市場から撤退する。
　　現場の最前線で戦う。　　　　　　　　営業の第一線で活躍する。
　　今期の出陣式が行われた。　　　　　　多くの企業戦士たちが高度成長を支えた。

経済・金融 3

1. 全体を理解する — チャレンジしてみよう! —

構成に注意しながらパート①〜③ ◁»7 〜 ◁»9 を聞いて、キーワードだと思う
言葉をいくつか書き出しなさい。

2. ポイントをつかむ — 「〜が／〜は」と、それに続く動詞の部分に注意しよう! —

パート① ◁»7 をもう一度聞いて、その内容について答えなさい。

a. 以下を埋めなさい。（○には「が」か「は」を入れなさい。）

_____ ◯ _____

_____ 「@FROZEN（アットフローズン）」 _____

_____。

b. ニュースの要点について、主語と述部を意識してまとめなさい。

3. 詳細を理解する

パート② ◁»8 をもう一度聞いて、その内容について答えなさい。

a. 店について（　　　）に適切な言葉や数字を入れなさい。

・日本最大級の規模で、およそ（①　　　　　　　　　）品目の冷凍食品がある。
・売場は（②　　　　　　　　　）、（③　　　　　　　　　）、
　（④　　　　　　　　　）の3つのコーナーに分かれている。
・従来の（⑤　　　　　　　　　）プライベートブランドだけでなく、
　（⑥　　　　　　　　）を使った（⑦　　　　　　　）の商品を提供している。

b．店がメインターゲットとする顧客層はどんな人たちか。

4. 展開をつかむ

パート③ ◁))) 9 をもう一度聞いて、その内容について答えなさい。

a．以下を埋めなさい。

日本冷凍食品協会によると、＿＿＿＿＿＿＿＿＿＿＿＿＿＿＿＿＿＿＿＿＿
＿＿＿＿＿＿＿＿＿。家でおいしい物を食べたいという＿＿＿＿＿＿＿＿＿＿＿
＿＿＿＿＿＿＿＿＿＿＿＿＿＿＿＿＿＿＿＿＿している＿＿＿＿＿＿＿＿＿＿。
＿＿＿＿＿＿、＿＿＿＿＿＿＿＿＿＿＿、＿＿＿＿＿＿＿＿＿＿＿＿＿動きが
相次いでおり、市場の＿＿＿＿＿＿＿＿＿＿＿＿＿。

b．パート①、②の内容とどんな関係があるか。正しい番号を選びなさい。

1. ①、②についての追加情報と放送局のコメント
2. ①、②についての顧客の要望
3. ①、②についての関係者の期待

5. 発音を確認する

◁))) 7 ～ ◁))) 9 の後に続いて、同じように言いなさい。

6. 構成、内容、意味を確認する

スクリプトを声に出して読みなさい。

～解答と聞き取りのポイント～

1. 省略

2. a. スクリプト（🔊 7 ①）参照
   b. 大手スーパーのイオンリテールが日本最大級の冷凍食品専門店をオープンした。

3. a. ①1,500
   ②専門店の本格メニュー
   ③銘店スイーツ
   ④便利な冷凍食材
   ⑤低価格を強みとする
   ⑥高級食材
   ⑦高価格帯
   ◆「～帯」
   価格や地域、時間などについて幅をもった範囲を表す時に使われる。「高価格帯」「低価格帯」「通勤の時間帯」「火山帯」などがある。
   b. 共働き世帯やシニア世帯
   ◆「ニーズに応える」
   ビジネスでは顧客の求めていることに応えるという意味でよく使われる。

4. a. スクリプト（🔊 9 ③）参照
   b. 1
   ◆「相次ぐ」
   「同じようなことが次から次へと起こる」という意味で、ニュースでは「～が相次いだ」「～が相次いで起こった」の形でよく使われる。
   ◆「～が期待される」
   ニュースで取り上げた話題への期待感を、放送局がコメントの形で視聴者に伝える時によく使われる。

大手スーパー、冷凍食品専門店オープン

🔊 7 ① 大手スーパーのイオンリテールが日本最大級の冷凍食品専門店「@FROZEN（アットフローズン）」をオープンしました。

🔊 8 ② 大手スーパーのイオンリテールは、千葉県浦安市にある店舗の中に、およそ1,500品目の冷凍食品を取り揃えた専門店「@FROZEN（アットフローズン）」を開業しました。売場は「専門店の本格メニュー」と「銘店スイーツ」そして「便利な冷凍食材」の3つのコーナーに分かれています。従来の低価格を強みとするプライベートブランドだけでなく、高級食材を使った高価格帯の商品を提供することで、同店がメインターゲットとする共働き世帯やシニア世帯の食のニーズに応えていくということです。

🔊 9 ③ 日本冷凍食品協会によると、家庭用の冷凍食品の生産は過去最高となっています。家でおいしい物を食べたいという巣ごもり需要や冷凍技術の進歩などが人気を後押ししていると見られています。百貨店、コンビニなどでも、冷凍食品の販売を強化する動きが相次いでおり、市場の更なる拡大が期待されます。

経済・金融 4

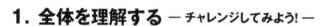

1. 全体を理解する ― チャレンジしてみよう! ―

構成に注意しながらパート①～③ 🔊 10 ～ 🔊 12 を聞いて、キーワードだと思う言葉をいくつか書き出しなさい。

2. ポイントをつかむ ―「～が／～は」と、それに続く動詞の部分に注意しよう! ―

パート① 🔊 10 をもう一度聞いて、その内容について答えなさい。

a. 以下を埋めなさい。（○には「が」か「は」を入れなさい。）

近年、健康志向の高まりを追い風に、_____ ○
拡大しています。_____ノンアルコール市場を成長分野
として重視し、_____を相次いで_____。

b. ニュースの要点について、主語と述部を意識してまとめなさい。

3. 詳細を理解する

パート② 🔊 11 をもう一度聞いて、その内容について答えなさい。

a. パート①に出てくる「ノンアルコール飲料」は、パート②で何と言い換えているか。

b. ノンアルコール飲料の新商品が次々と発売されている一因は何か。

c. 厚生労働省の調査結果について（　　　　　）に適切な言葉を入れなさい。

お酒を「ほとんど飲まない」と「月に1日から3日飲む」という人を合わせると（　　　　　　　）を超える。20代ではお酒を「ほとんど飲まない」と「月に1日から3日飲む」という人が合わせて（　　　　　　　　）、30代では（　　　　　　　）を超え、（　　　　　　　　）のアルコール離れが目立つ。

4. 展開をつかむ

パート③ ◁))) 12 をもう一度聞いて、その内容について答えなさい。

a. 以下を埋めなさい。

＿＿＿＿＿＿＿＿＿＿＿＿＿＿＿＿＿、かつては「おいしくない」という声もありましたが、技術の向上で味が本物に近づき、＿＿＿＿＿＿＿＿＿＿＿＿＿＿＿＿＿＿＿＿＿＿＿＿＿＿＿＿＿＿＿＿＿。

b. パート①、②の内容とどんな関係があるか。正しい番号を選びなさい。

1. ①、②についての飲料各社のコメント
2. ①、②についての放送局のコメント
3. ①、②についての専門家の意見

5. 発音を確認する

◁))) 10 ～ ◁))) 12 の後に続いて、同じように言いなさい。

6. 構成、内容、意味を確認する

スクリプトを声に出して読みなさい。

～解答と聞き取りのポイント～

1. 省略

2. a. スクリプト（🔊**10**①）参照

b. ノンアルコール飲料の人気が拡大し、飲料各社が新商品を相次いで投入している。

◆「(Aの) B志向」

Aの意識がBに向いていることを表す。Bを重視したり、人気があったりすると言いたい時に使われる。ニュースでは「消費者の節約志向」「若者の安定志向」のように使われる。

◆「～を追い風に＋[プラスの結果]」

「～」が原因でプラスの結果になったことを表す。「～」が聞き取れなくても良い結果であることが分かる。▶ 経済・金融⑨ ◆「～が追い風となり＋[プラスの結果]」⇔「～が逆風となり＋[マイナスの結果]」参照

3. a. ノンアル飲料

◆パート①の言葉をパート②で短く言い換えている例

「ノンアルコール飲料」→「ノンアル飲料」

b. 健康志向の高まりを背景にしたアルコール離れ

◆「Aを背景に{した／して}B」

Aという事情や状況が背後にあるからBになると言いたい時によく使われる。言いたいことはB。ニュースでは、直接的な理由の指摘ではなく、大きな視点からの事情や状況が背後にあると言いたい時に使われることが多い。

◆「(Aの) B離れ」

AがBから離れること、つまりやらなくなったり、人気がなくなったりすることを表す。「若者の車離れ」のように使われる。

c. 2割　4割　3割　若い世代

4. a. スクリプト（🔊**12**③）参照

b. 2

◆「～は…そうである」

放送局が「～は…する可能性がある」とコメントする場合によく使われる。ほかに、「なりそうである」「言えそうである」「求められそうである」などがよく出てくる。

　　例．A社はより一層の合理化を迫られることになりそうである。

　　　　銀行はこれまで以上にサービスの向上が求められそうである。

ノンアルコール飲料の発売、続々

🔊10 ① 近年、健康志向の高まりを追い風に、ノンアルコール飲料の人気が拡大しています。飲料各社はノンアルコール市場を成長分野として重視し、新商品を相次いで投入しています。

🔊11 ② 今年もワイン風味やカクテル風味、酎ハイ風味、レモンサワー風味といった様々なテイストのノンアル飲料が次々と発売されています。ビール風味の飲料でも、ここ数年、糖質ゼロや内臓脂肪を減らすことをうたうなど、付加価値をつけた商品が発売されバリエーションが増えています。こうしたノンアル市場の拡大は、健康志向の高まりなどを背景にしたアルコール離れも一因であると見られます。飲酒についての厚生労働省の調査では、酒を「ほとんど飲まない」は15.9%、「月に1日から3日飲む」は7.5%で、この2つを合わせると2割を超えています。特に20代は「ほとんど飲まない」と「月に1日から3日飲む」で4割を超え、30代でも3割を超えており、若い世代のアルコール離れが目立ちます。

🔊12 ③ ノンアルコール飲料は、かつては「おいしくない」という声もありましたが、技術の向上で味が本物に近づき、積極的に選択するものになってきていると言えそうです。

経済・金融 5

1. 全体を理解する ― チャレンジしてみよう! ―

構成に注意しながらパート①〜③ ◁))13 〜 ◁))15 を聞いて、キーワードだと思う言葉をいくつか書き出しなさい。

2. ポイントをつかむ ―「〜が／〜は」と、それに続く動詞の部分に注意しよう! ―

パート① ◁))13 をもう一度聞いて、その内容について答えなさい。

a. 以下を埋めなさい。(○には「が」か「は」を入れなさい。)

_____のフードジョイで_____

_____事件で、今日、フードジョイの松山洋一_____ ○ _____

_____。

b. ニュースの要点について、主語と述部を意識してまとめなさい。

3. 詳細を理解する

パート② ◁))14 をもう一度聞いて、その内容について答えなさい。

a. パート①に出てくる「大手レストランチェーンのフードジョイ」は、パート②で何と言い換えているか。

b. 事件について (　　　　) に適切な言葉を入れなさい。

(　　　　　　) を食べた187人が (　　　　　) になった。
原因は、(　　　　　) で総菜を作っていた (　　　　　) から検出された
(　　　　　　) である。

c．記者会見の内容について正しい番号をすべて選びなさい。

1. 被害者と関係者に謝罪した。
2. 社長を辞めると言って謝罪した。
3. 再発防止のために原因を徹底的に調べると述べた。
4. 再発防止のために従業員教育と食品衛生管理を徹底すると述べた。

4. 展開をつかむ

パート③ 🔊15 をもう一度聞いて、その内容について答えなさい。

a．以下を埋めなさい。

_____について、_____2020年から原則としてすべての食品
関連事業者に対し、国際規格のHACCP（ハサップ）に沿って_____
_____が、業界関係者には食の安心安全のため
の_____。

b．パート①、②の内容とどんな関係があるか。正しい番号を選びなさい。

1. ①、②についての業界関係者のコメント
2. ①、②についての政府のコメント
3. ①、②についての放送局のコメント

5. 発音を確認する

🔊13 ～ 🔊15 の後に続いて、同じように言いなさい。

6. 構成、内容、意味を確認する

スクリプトを声に出して読みなさい。

～解答と聞き取りのポイント～

1. 省略

2. a. スクリプト（🔊 **13** ①）参照
   b. 食中毒(しょくちゅうどく)が発生(はっせい)したフードジョイの社長が記者会見(きしゃかいけん)を行った。

3. a. 同社(どうしゃ)

   ◆パート①の言葉(ことば)をパート②で短(みじか)く言(い)い換(か)えている例(れい)
   　　「大手(おおて)レストランチェーンのフードジョイ」→「同社(どうしゃ)」

   b. 懐石定食(かいせきていしょく)

   食中毒(しょくちゅうどく)

   工場(こうじょう)

   従業員(じゅうぎょういん)

   ノロウィルス

   c. 1、4

   ◆「Aした上でB」
   「Aをまずやって、その後でBをする」という意味を表(あらわ)す。聞く時は、AとBの順番(じゅんばん)を取(と)り違(ちが)えないようにしよう。

4. a. スクリプト（🔊 **15** ③）参照

   b. 3

   ◆「～{よう(に)／ことを}義務(ぎむ)づける」
   義務(ぎむ)として必(かなら)ず行わせるという意味で、ニュースでは「国が法律(ほうりつ)で定(さだ)めている」と言いたい時によく使われる。▶ 政治・行政7 ◆「～づける」参照

   ◆「～が求(もと)められる」
   ニュースで取(と)り上(あ)げた話題(わだい)について、放送局(ほうそうきょく)が「～が必要(ひつよう)である」とコメントの形(かたち)で視聴者(しちょうしゃ)に伝(つた)える時に使われる。

和食レストランで食中毒

🔊13 ① 大手レストランチェーンのフードジョイで食中毒が相次いで発生した事件で、今日、フードジョイの松山洋一社長が記者会見を行いました。

🔊14 ② 先週、大手レストランチェーン、フードジョイの複数の店で、懐石定食を食べた客187人が食中毒の症状を訴えた事件について、松山社長は、食中毒の原因は、同社の工場で惣菜の調理に当たった従業員から検出されたノロウィルスにあることを報告しました。今日の会見で、社長は被害者と関係者に謝罪した上で、再発防止のための従業員教育と食品衛生管理を徹底し、お客様の信頼回復に努めていくと述べました。

🔊15 ③ 食品の衛生管理について、国は2020年から原則としてすべての食品関連事業者に対し、国際規格のHACCP（ハサップ）に沿って厳しく行うよう義務づけましたが、業界関係者には食の安心安全のための管理体制の徹底が求められることになりそうです。

（上の内容は創作したもので、実在の人物・団体とは関係ありません。）

経済・金融 6

1. 全体を理解する — チャレンジしてみよう! —

構成に注意しながらパート①〜③ 🔊16 〜 🔊18 を聞いて、キーワードだと思う言葉をいくつか書き出しなさい。

2. ポイントをつかむ —「〜が／〜は」と、それに続く動詞の部分に注意しよう! —

パート① 🔊16 をもう一度聞いて、その内容について答えなさい。

a. 以下を埋めなさい。（○には「が」か「は」を入れなさい。）

＿＿＿＿＿＿＿＿＿＿ ZIPAIR Tokyo ○ 、徳島県にあるフードテックの＿＿＿＿＿
＿＿＿＿＿＿＿、株式会社グリラス＿＿＿＿＿＿＿、昆虫 の＿＿＿＿＿＿
＿＿＿＿＿＿＿＿＿＿＿＿＿＿＿＿＿を7月1日から＿＿＿＿＿＿＿。

b. ニュースの要点について、主語と述部を意識してまとめなさい。

3. 詳細を理解する

パート② 🔊17 をもう一度聞いて、その内容について答えなさい。

a. この航空会社は、コオロギの粉末を使ったものをどのような機内食として提供しているか。正しい番号をすべて選びなさい。

　　1. ハンバーグの肉に混ぜてハンバーガーとして
　　2. 粉末の入ったパンを使ったハンバーガーとして
　　3. スパゲティーの麺に混ぜてスパゲティーとして
　　4. スパゲティーのソースに混ぜてスパゲティーとして

b. コオロギの粉末はどのような風味か。

c. コオロギの優れている点について、（　　　）に適切な言葉を入れなさい。

・栄養面では、（①　　　　　　　）で（②　　　　　）や（③　　　　）
を多く含む。

・環境面では、コオロギを育てるために必要な（④　　　　　　　　）が
（⑤　　　　　　）などより少なく、（⑥　　　　　　）のため、（⑦　　　　　）
を（⑧　　　）として（⑨　　　　　　）ことができる。

4. 展開をつかむ

パート③ ◁))18 をもう一度聞いて、その内容について答えなさい。

a. 以下を埋めなさい。

「＿＿＿＿＿＿＿＿＿」＿＿＿＿＿＿＿＿＿、事前＿＿＿＿＿で料金は
＿＿＿＿＿。成田－バンコク線など、4つの路線で提供されます。

b. パート①、②の内容とどんな関係があるか。正しい番号を選びなさい。

1. ①、②についての放送局のコメント
2. ①、②についての追加情報
3. ①、②についての観光客の反応

5. 発音を確認する

◁))16 ～ ◁))18 の後に続いて、同じように言いなさい。

6. 構成、内容、意味を確認する

スクリプトを声に出して読みなさい。

～解答と聞き取りのポイント～

1. 省略

2. a．スクリプト（🔊16 ①）参照

b．航空会社のZIPAIR Tokyoが、ベンチャー企業の株式会社グリラスと業務連携し、コオロギの粉末を使用した機内食の販売を始める。

◆「A{は／が}Bと業務連携する」

A社とB社が業務上、技術や設備、販売網などで協力することを表す。「連携」という音が聞こえたら、何か協力して行うことだと推測しながら聞こう。

3. a．1、2、4

b．煮干しや干しエビのような風味

c．①高タンパク質

②ビタミン

③ミネラル

④餌や水

⑤牛や豚

⑥雑食性

⑦食品ロス

⑧餌

⑨活用する

◆「AはBを含む」

「AがBを（Aの中に）持っている」という意味。主体はAになるのでAとBを取り違えないよう注意しよう。

◆「A上にB」

「AにさらにBが加わる」という意味。「AだけではなくBも」と強調したい時などに使われる。

◆「～に向け(て)…」「～に向けた＋[名詞]」

「目標やゴールである～を{目指して…する／目指した＋[名詞]}」と言いたい時に使われる。「達成に向け{て／た}」「解決に向け{て／た}」「実現に向け{て／た}」などがニュースではよく使われる。

例．脱炭素社会の実現に向けて水素エネルギーの研究開発が進められている。
県ではSDGsの達成に向けた様々な取り組みを行っている。

4. a．スクリプト（🔊18 ③）参照

b．2

航空会社がコオロギを機内食に

🔊 **16** ① 航空会社のZIPAIR Tokyoは、徳島県にあるフードテックのベンチャー企業、株式会社グリラスと業務連携し、昆虫のコオロギの粉末を使用した機内食の販売を7月1日から始めます。

🔊 **17** ② 販売される機内食は「トマトチリバーガー」とスパゲティーの「ペスカトーレ」の2種類で、パンや肉、ソースの中にコオロギの粉末が混ぜられています。使用されるコオロギの粉末は、グリラスが開発した「グリラスパウダー」です。国産の食用フタホシコオロギを粉末化したもので、煮干しや干しエビのような風味が特徴です。コオロギは高タンパク質でビタミンやミネラルといった体に必要な栄養素を多く含みます。また、牛や豚などに比べて、飼育に必要な餌や水が少なく環境への負担が小さいとされている上に、雑食性のため、食品ロスを餌として活用することができます。両社は「タンパク質危機」と「食品ロス」の2つの社会課題の解決に向け、今後も国内外において、環境負荷の低い新たなタンパク源である食用コオロギの普及を目指すとしています。

🔊 **18** ③ 「グリラスパウダー」を使った機内食は、事前予約制で料金は1,500円。成田－バンコク線など、4つの路線で提供されます。

経済・金融 7

1. 全体を理解する ― チャレンジしてみよう! ―

構成に注意しながらパート①〜③ 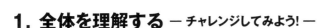**19** 〜 **21** を聞いて、キーワードだと思う言葉をいくつか書き出しなさい。

2. ポイントをつかむ ―「〜が／〜は」と、それに続く動詞の部分に注意しよう! ―

パート① **19** をもう一度聞いて、その内容について答えなさい。

a. 以下を埋めなさい。（○には「が」か「は」を入れなさい。）

_____、 _____○
昨年、初めて年間で 1 兆円を超え、 _____。
9 年連続で過去最高を更新しています。

b. ニュースの要点について、主語と述部を意識してまとめなさい。

3. 詳細を理解する

パート② **20** をもう一度聞いて、その内容について答えなさい。

a. パート①に出てくる「農林水産省」は、パート②で何と言い換えているか。

b. パート①に出てくる「1 兆円を超え」は、パート②で具体的にいくらと言っているか。

c．輸出額が最も大きかったものは何か。

d．輸出で好調だったものは何か。

e．輸出額が伸びた理由は何か。（　　　）に適切な言葉を入れなさい。

・（①　　　　）や（②　　　　　　）の経済活動が（③　　　　　　）にあり、
（④　　　　　　　　　　）ため。
・インターネット販売など（⑤　　　　　　　　　　）が拡大したため。

4. 展開をつかむ

パート③ ◁))21 をもう一度聞いて、その内容について答えなさい。

a．以下を埋めなさい。

＿＿＿＿＿＿＿＿＿＿輸出拡大に取り組んでおり、2030年までに＿＿＿＿＿＿＿
＿＿＿＿＿＿＿＿＿＿＿＿＿＿＿＿＿＿＿＿。

b．パート①、②の内容とどんな関係があるか。正しい番号を選びなさい。

1. ①、②についての追加情報
2. ①、②についての業界関係者の見通し
3. ①、②についての放送局のコメント

5. 発音を確認する

◁))19 ～ ◁))21 の後に続いて、同じように言いなさい。

6. 構成、内容、意味を確認する

スクリプトを声に出して読みなさい。

～解答と聞き取りのポイント～

1. 省略

2. a．スクリプト（🔊 **19** ①）参照
   b．日本の農林水産物と食品の輸出額が昨年、過去最高となった。
   ◆「AがBを{超える／上回る}」⇔「AがBを{割り込む／下回る}」
   数値Aが基準とするB{を超える⇔より下になる}という意味で、ニュースではデータについて比較しながら説明する時によく使われる。

3. a．農水省
   ◆パート①の言葉をパート②で短く言い換えている例
   「農林水産省」→「農水省」

   b．1兆2,385億円
   ◆パート①の内容をパート②で詳しく言い換えている例
   「1兆円を超え」→「1兆2,385億円」
   ◆「～{が／は}＋[数字]{で／と}、…」
   「で／と」の後には[数字]についての解説がくる。続く「…」の部分に注意しよう。

   c．ウィスキーや日本酒などのアルコール飲料

   d．ホタテ貝や牛肉

   e．①中国
   ②アメリカ
   ③回復傾向
   ④外食需要が増えた
   ⑤新たな販路
   ◆「～ことから…」
   ニュースでは理由を表す時、「～ことから…」がよく使われる。この文の重要な主語は、後に続く「…」の中にある「輸出額」である。

4. a．スクリプト（🔊 **21** ③）参照
   b．1

－ 28 －

日本の農林水産物と食品の輸出、初の1兆円超え

◁))19 ① 農林水産省の発表によりますと、日本の農林水産物と食品の輸出額が昨年、初めて年間で1兆円を超え、過去最高となりました。9年連続で過去最高を更新しています。

◁))20 ② 農水省の発表によると、農林水産物と食品の昨年の年間輸出金額は1兆2,385億円で、前年比で25.6%増えました。輸出額が最も大きかったのは、ウィスキーや日本酒などのアルコール飲料で、ホタテ貝や牛肉も好調でした。輸出先は初めて中国が1位となり、2,224億円。2位が香港、3位がアメリカとなっています。中国やアメリカの経済活動が回復傾向にあり、外食需要が増えたことや、インターネット販売など新たな販路が拡大したことから、多くの品目で輸出額が伸びました。

◁))21 ③ 日本政府も輸出拡大に取り組んでおり、2030年までに輸出額5兆円の達成を目指しています。

コラム　～省庁名の省略～

ニュースで省庁の名前が何度も出てくる時、2回目からは省略された名前になることが多い。違う省庁だと勘違いしないよう、正式な名前と省略された名前を音で確認しておこう。

例. 農林水産省→農水省　　厚生労働省→厚労省　　経済産業省→経産省
　　国土交通省→国交省　　文部科学省→文科省

経済・金融 8

1. 全体を理解する ― チャレンジしてみよう! ―

構成に注意しながらパート①〜③ 🔊22 〜 🔊24 を聞いて、キーワードだと思う言葉をいくつか書き出しなさい。

2. ポイントをつかむ ―「〜が／〜は」と、それに続く動詞の部分に注意しよう! ―

パート① 🔊22 をもう一度聞いて、その内容について答えなさい。

a. 以下を埋めなさい。(○には「が」か「は」を入れなさい。)

今日の東京株式市場で＿＿＿＿＿＿＿＿ ○ ＿＿＿＿＿、前の日より487円92銭安い＿＿＿＿＿＿＿＿＿＿＿＿＿＿＿＿＿＿＿＿＿＿＿＿＿＿＿。

b. ニュースの要点について、主語と述部を意識してまとめなさい。

3. 詳細を理解する

パート② 🔊23 をもう一度聞いて、その内容について答えなさい。

a. 日経平均株価のこの日の動きを図で表したものはどれか。正しい番号を選びなさい。

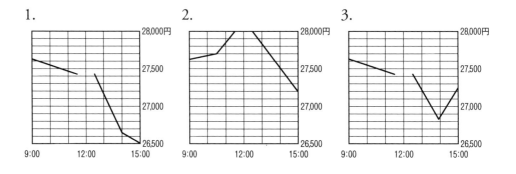

4. 展開をつかむ

パート③ ◁))24 をもう一度聞いて、その内容について答えなさい。

a. 以下を埋めなさい。

_____、このところのアメリカ金融当局の金利高に関する積極姿勢や中国経済減速への警戒感は投資家を弱気にさせているものの、下げ渋りも見られることから_____、当面は_____。

b. パート①、②の内容とどんな関係があるか。正しい番号を選びなさい。

1. ①、②についての政府の対策
2. ①、②についての関係者の見通し
3. ①、②についての放送局のコメント

5. 発音を確認する

◁))22 ～ ◁))24 の後に続いて、同じように言いなさい。

6. 構成、内容、意味を確認する

スクリプトを声に出して読みなさい。

～解答と聞き取りのポイント～

1. 省略

2. a. スクリプト（🔊 **22** ①）参照
b. 日経平均株価が続落し、27,235円52銭で取引を終了した。

3. a. 3
◆「[アルファベットによる組織の略称]＋[正式名称]」
　ニュースでは「FRB、連邦準備制度理事会が～」などのように、ある組織について伝える時に、まずアルファベットによる組織の略称、その後に続けて正式名称を言うことが多い。略称か正式名称のどちらかが理解できればよい。
◆「～との{観測／期待／懸念／考え／見方／狙い}」
　「～という{観測／期待／懸念／考え／見方／狙い}」の意味で、ニュースではこうした名詞の形を使って表すことが多い。
◆「[名詞]＋に転じる」
　以前は[名詞]の状態ではなかったが、その後[名詞]の状態に変わったことを表す。音声を聞いて、前後の変化が瞬時に理解できることが大切である。
　　　例．苦戦が続いていたが、今期は増益に転じた。
　　　　　人口が減少に転じた。

4. a. スクリプト（🔊 **24** ③）参照
b. 2
◆パート③でパート①、②についての見通しや期待、抱負を表す場合、以下のような表現が使われることが多い。
　{関係者／担当者／専門家／有識者}は、～と{話している／述べている／言っている／している}
◆「AもののB」
　「ものの」は逆接を表し、Bには、Aの内容から当然予想されることとは違う内容がくる。重要なのはBの方なので、Bの内容をしっかり聞き取ろう。

東京株式市場続落（とうきょうかぶしきしじょうぞくらく）

🔊**22** ① 今日（きょう）の東京株式市場（とうきょうかぶしきしじょう）で日経平均株価（にっけいへいきんかぶか）は続落（ぞくらく）し、前（まえ）の日（ひ）より487円（えん）92銭（せんやす）安い27,235円（えん）52銭（せん）で取引（とりひき）を終了（しゅうりょう）しました。

🔊**23** ② 今日（きょう）の東京株式市場（とうきょうかぶしきしじょう）は、朝方（あさがた）はアメリカの中央銀行（ちゅうおうぎんこう）にあたるFRB、連邦準備制度理事会（れんぽうじゅんびせいどりじかい）が金融引（きんゆうひ）き締（し）めを積極的（せっきょくてき）に進（すす）めるとの観測（かんそく）が広（ひろ）まったことから、リスク回避（かい）の売（う）りが優勢（ゆうせい）となり、株価（かぶか）が下落（げらく）しました。午後（ごご）に入（はい）ると、中国（ちゅうごく）の景気減速（けいきげんそく）による影響（えいきょう）への懸念（けねん）から下（さ）げ幅（はば）が800円（えんちか）近くまで拡大（かくだい）し、一時（いちじ）27,000円（えん）を割（わ）り込（こ）む場面（ばめん）もありました。しかし、引（ひ）けにかけ、値（ね）ごろ感（かん）から世界経済（せかいけいざい）の影響（えいきょう）を受（う）けにくい医薬品（やくひん）や食品関連（しょくひんかんれん）の銘柄（めいがら）の一部（いちぶ）に買（か）い注文（ちゅうもん）が入（はい）り、上昇（じょうしょう）に転（てん）じました。終値（おわりね）は、前（まえ）の日（ひ）より487円（えん）92銭（せんやす）安い27,235円（えん）52銭（せん）で取引（とりひき）を終（お）えました。

🔊**24** ③ 今後（こんご）の相場展開（そうばてんかい）について市場関係者（しじょうかんけいしゃ）は、このところのアメリカ金融当局（きんゆうとうきょく）の金利高（きんりだか）に関（かん）する積極姿勢（せっきょくしせい）や中国経済減速（ちゅうごくけいざいげんそく）への警戒感（けいかいかん）は投資家（とうしか）を弱気（よわき）にさせているものの、下（さ）げ渋（しぶ）りも見（み）られることから暴落（ぼうらく）の可能性（かのうせい）は低（ひく）く、当面（とうめん）は27,000円（えん）をめぐる攻防（こうぼう）になるのではないかと話（はな）しています。

（上（うえ）の内容（ないよう）は創作（そうさく）したものです。）

コラム　～相場（そうば）によく出（で）てくる用語（ようご）～

■ 相場（そうば）の上（あ）がり下（さ）がりを表（あらわ）す用語（ようご）

　　上昇（じょうしょう）⇔下落（げらく）　反発（はんぱつ）⇔反落（はんらく）　急伸（きゅうしん）⇔急落（きゅうらく）　続伸（ぞくしん）⇔続落（ぞくらく）　高騰（こうとう）⇔暴落（ぼうらく）

■ 取引（とりひき）の始（はじ）まりと終（お）わりを表（あらわ）す用語（ようご）

　　寄（よ）り付（つ）き／始値（はじめね）⇔引（ひ）け／終値（おわりね）

■ 相場（そうば）の動（うご）きや状態（じょうたい）を表（あらわ）す用語（ようご）

強気（つよき）⇔弱気（よわき）	相場（そうば）が上（あ）がると予想（よそう）すること⇔相場（そうば）が下（さ）がると予想（よそう）すること
堅調（けんちょう）⇔軟調（なんちょう）	相場（そうば）が上昇傾向（じょうしょうけいこう）にあること⇔相場（そうば）が下落傾向（げらくけいこう）にあること
下（さ）げ渋（しぶ）り	一度（いちど）下（さ）がった相場（そうば）が下（さ）げ幅（はば）を縮（ちぢ）めること。
嫌気（いやき）する	価格（かかく）が思（おも）ったように上（あ）がらず投資家（とうしか）の興味（きょうみ）がなくなること。
小戻（こもど）しする	下（さ）がった価格（かかく）が少（すこ）し上（あ）がること。
物色（ぶっしょく）する	多（おお）くの銘柄（めいがら）の中（なか）から買（か）いたいものを探（さが）し出（だ）すこと。

　　　　　例. 今日（きょう）の株式市場（かぶしきしじょう）は、円安（えんやす）で輸出関連銘柄（ゆしゅつかんれんめいがら）が物色（ぶっしょく）された。

経済・金融 9

1. 全体を理解する — チャレンジしてみよう! —

構成に注意しながらパート①〜③ 🔊**25** 〜 🔊**27** を聞いて、キーワードだと思う
言葉をいくつか書き出しなさい。

2. ポイントをつかむ —「〜が／〜は」と、それに続く動詞の部分に注意しよう! —

パート① 🔊**25** をもう一度聞いて、その内容について答えなさい。

a. 以下を埋めなさい。（○には「が」か「は」を入れなさい。）

今日発表された食品大手プラタナスホールディングスの＿＿＿＿＿＿＿

○、＿＿＿＿＿＿＿＿＿＿＿＿＿＿＿＿＿＿＿＿＿＿＿＿＿＿＿＿＿＿＿。

売上高は2,800億円、営業利益は225億円、経常利益は235億円と、計画
を売上高で105億円、営業利益で25億円上回ったということです。

b. ニュースの要点について、主語と述部を意識してまとめなさい。

3. 詳細を理解する

パート② 🔊**26** をもう一度聞いて、その内容について答えなさい。

a. 売り上げが伸びた背景は何か。

b. 特に海外での売り上げが伸びた理由は何か。

c. 営業利益について（　　　）に正しい番号を入れなさい。

原材料費や物流費の（　　　）という（　　　）の中、販売増や（　　　）
による利益増によって、大幅な（　　　）となった。
　　1. 逆風　2. 増益　3. 上昇　4. 価格改定

4. 展開をつかむ

パート③ ◁))27 をもう一度聞いて、その内容について答えなさい。

a. 以下を埋めなさい。

_____グローバル競争を_____、引き続き環境に
配慮した成長戦略を展開し、高い収益率の確保を_____、
海外市場でのビジネス拡大を_____。

b. パート①、②の内容とどんな関係があるか。正しい番号を選びなさい。

1. ①、②についての会社のコメント
2. ①、②についての放送局のコメント
3. ①、②についての専門家のコメント

＊発展練習 ― 数字を書きとめる ―

a. パート①〜③ ◁))25 〜 ◁))27 をもう一度通して聞きながら、＋かーのどちらかに○をつけ、数字を書き入れなさい。

	今期の連結中間決算の実績	当初の計画比	前年同期比(%)	前年同期比(円)
売上高	億円	＋/－　　億円		
営業利益	億円	＋/－　　億円	＋/－　　％	＋/－　　億円
経常利益	億円			

b. 前年同期の営業利益はいくらだったか計算しなさい。

5. 発音を確認する

◁))25 〜 ◁))27 の後に続いて、同じように言いなさい。

6. 構成、内容、意味を確認する

スクリプトを声に出して読みなさい。

～解答と聞き取りのポイント～

1. 省略

2. a. スクリプト（🔊 **25** ①）参照
   b. 食品大手プラタナスホールディングスの連結中間決算が好決算となった。

3. a. 個人消費の回復で景気全体が上昇に転じつつあること。
   b. 円安が追い風になったため。
   ◆「～が追い風となり＋［プラスの結果］」⇔「～が逆風となり＋［マイナスの結果］」
   「～が原因で［{プラス／マイナス}の結果］になった」ことを表す。この場合、「振れた」という言葉が聞き取れなくても、円安がプラスに働いたということが分かる。
   ▶ 経済・金融4 ◆「～を追い風に＋［プラスの結果］」参照

   c. 3　1　4　2

4. a. スクリプト（🔊 **27** ③）参照　　　b. 1
   ◆「～を勝ち抜く」
   「～を最後まであきらめずに頑張って勝つ」という意味で、ビジネス社会の競争の厳しさを表す表現。ほかに「～を戦い抜く」「～を生き抜く」「～を耐え抜く」などもある。
   ◆「～［意志動詞の辞書形］＋ため（に）…」
   「～」という目的で「…」をするという意味。「ため（に）」の後に何をしたかがくるので注意しよう。
   ◆「引き続き～する」
   「前のことを続けて～する」ことを表す。このニュースでは「これからも続けて環境に配慮した成長戦略を展開する」という意味になる。
   ◆「AとともにB」
   「Aをすると同時に、またはAと一緒にBをする」という意味。2つのことを同時に行うと言いたい時などによく使われる。

＊発展練習

a.

	今期の連結中間決算の実績	当初の計画比	前年同期比（％）	前年同期比（円）
売上高	2,800億円	⊕/－ 105億円		
営業利益	225億円	⊕/－ 25億円	⊕/－ 25％	⊕/－ 45億円
経常利益	235億円			

b. 180億円

食品大手プラタナスホールディングス連結中間決算、大幅増益

25 ① 今日発表された食品大手プラタナスホールディングスの連結中間決算は、当初の計画を大幅に上回る好決算となりました。売上高は2,800億円、営業利益は225億円、経常利益は235億円と、計画を売上高で105億円、営業利益で25億円上回ったということです。

26 ② 個人消費の回復で景気全体が上昇に転じつつある中、食品大手プラタナスホールディングスの連結中間決算の売り上げは、国内、海外ともに堅調に推移しました。特に海外での売り上げは、為替相場が円安に振れたことが追い風となり、順調な伸びを示しました。また、営業利益は、原材料費・物流費上昇の逆風の中、販売増や価格改定による利益増が大きく貢献し、前年同期比25％増と、45億円増え、大幅な増益となりました。

27 ③ プラタナスはグローバル競争を勝ち抜くため、引き続き環境に配慮した成長戦略を展開し、高い収益率の確保を目指すとともに、海外市場でのビジネス拡大を経営戦略の柱とするとしています。

(上の内容は創作したもので、実在の人物・団体とは関係ありません。)

コラム　～決算によく出てくる用語～

■ **連結決算**　親会社だけでなく、子会社・関連会社を含めたグループ全体の決算。

■ **中間決算**　年1回の決算を行う会社が、中間の6カ月（半期）で行う決算。

■ **営業利益**　＝［売上高］－［営業費用］
企業の営業活動の結果を表す。

■ **経常利益**　＝［営業利益］＋［営業外収益］－［営業外費用］
企業の実質的な利益を表す。

■ **当期利益**　＝［経常利益］＋［特別利益］－［特別損失］－［税］
企業の最終的な利益。当期純利益、純利益、最終利益ともいわれる。

第1章

経済・金融 10

1. 全体を理解する — チャレンジしてみよう! —

構成に注意しながらパート①〜③ ◁»28 〜 ◁»30 を聞いて、キーワードだと思う言葉をいくつか書き出しなさい。

2. ポイントをつかむ —「〜が／〜は」と、それに続く動詞の部分に注意しよう! —

パート① ◁»28 をもう一度聞いて、その内容について答えなさい。

a. 以下を埋めなさい。（○には「が」か「は」を入れなさい。）

＿＿＿＿＿＿＿＿＿＿＿ ○、一般住宅向けの＿＿＿＿＿＿＿＿＿＿＿＿＿

＿＿＿＿＿＿＿＿＿。10月に契約を更新する保険から値上げされるということ

です。2015年以降、値上げは4回目。今回は平均でおよそ＿＿＿＿＿＿＿＿＿と、

これまでで＿＿＿＿＿＿＿＿＿＿＿＿＿＿＿＿＿＿。

b. ニュースの要点について、主語と述部を意識してまとめなさい。

3. 詳細を理解する

パート② ◁»29 をもう一度聞いて、その内容について答えなさい。

a. 火災保険の値上げが続く理由は何か。正しい番号を選びなさい。

1. 最近、落雷による火事が増加しており、火災保険に入る人が急に増えたため。

2. 最近、大規模な地震が多発しており、保険会社の保険金の支払いが増えたため。

3. ここ数年、台風や豪雨などによる被害が多発し、保険金の支払いが増えたため。

4. ここ数年、急激な気候変動で大雪による被害が増加し、保険に入る人が増えたため。

b. 損害保険各社の火災保険の収支はどのような傾向が続いているか。

c. 10年の契約が廃止された理由は何か。（　　　　　）に適切な言葉を入れなさい。

風水害が多発する背景には、近年の（　　　　　　　　）があると見られる
が、（　　　　　）のリスクは（　　　　　　　　）と考えられることから、
（　　　　　　　　）が難しくなっているため。

4. 展開をつかむ

パート③ 🔊30 をもう一度聞いて、その内容について答えなさい。

a. 以下を埋めなさい。

＿＿＿＿＿＿＿＿損害保険会社の＿＿＿＿＿＿＿であり、＿＿＿＿＿＿
＿＿＿＿＿＿＿＿＿＿＿。保険料の値上げだけではなく、気候リスク
を考慮し、地域ごとに＿＿＿＿＿＿＿＿＿＿＿＿＿＿といった＿＿＿＿＿
＿＿＿＿＿＿＿＿＿＿＿＿＿＿＿＿。

b. パート①、②の内容とどんな関係があるか。正しい番号を選びなさい。

1. ①、②についての顧客の反応
2. ①、②についての業界の対応
3. ①、②についての放送局のコメント

5. 発音を確認する

🔊28 〜 🔊30 の後に続いて、同じように言いなさい。

6. 構成、内容、意味を確認する

スクリプトを声に出して読みなさい。

～解答と聞き取りのポイント～

1. 省略

2. a. スクリプト（🔊28 ①）参照
   b. 損害保険大手各社が一般住宅向けの火災保険料を大幅に引き上げる。
   ◆「～向け(の)＋[名詞]」「～向けに＋[動詞]」
   　経済ニュースでは新商品の紹介やアンケート調査の中で「～を対象（ターゲット）にした[名詞]」「～を対象（ターゲット）にして[動詞]」の意味でよく使われる。
   ◆「～を引き上げる」⇔「～を引き下げる」
   　価格や比率を上げる、または下げるという時の表現。「～」が分からなくても、価格や比率に関係するものだと推測できる。

3. a. 3
   ◆「理由として～が挙げられる」
   　ニュースでは「理由は～である」と、はっきりと示す時によく使われる。
   b. 赤字傾向
   c. 急激な気候変動　　自然災害　　変化していく　　リスク評価
   ◆「～背景には、…がある／～背景は…にある」
   　ニュースでは「ある出来事～が起きたのは、…という事情があるからだ」という意味でよく使われる。背景の後に続く「…」の部分に集中しよう。
   ◆「～{により／で}、…{と／に}なる」
   　「～したことで、今後、自然に…という結果になる」という意味を表す。
   ◆「AをBに反映する」
   　「Aの内容を取り入れて、Bを行ったり、決めたりする」という意味。AとBの関係を取り違えないように注意しよう。また、「はんえい」という言葉も聞き取りにくいので、音声とともに覚えておこう。
   　例．国民の声を政策に反映する。　　消費者の声を製品開発に反映させる。

4. a. スクリプト（🔊30 ③）参照
   b. 3
   ◆「～{が／は}急務となっている」
   　ニュースで取り上げた話題について、放送局が「やるべき～を急いでしなければならない」とコメントの形で視聴者に伝える時に使われる。
   ◆「今後～ものと{思われる／見られる／考えられる}」
   　ニュースで取り上げた話題について、放送局が今後の予想や見通しを、コメントの形で視聴者に伝える時によく使われる。

火災保険料値上げ

28 ① 損害保険大手各社は、一般住宅向けの火災保険料を大幅に引き上げます。10月に契約を更新する保険から値上げされるということです。2015年以降、値上げは4回目。今回は平均でおよそ11%から13%と、これまでで最大の上げ幅となっています。

29 ② 火災保険は火事、台風、豪雨、落雷、大雪などによる建物や家財の損害を補償するものです。火災保険の値上げが続く理由として、近年、豪雨や台風などにより毎年のように大規模な風水害が発生し、火災保険の契約者に対する支払い保険金額が増加していることなどが挙げられます。支払い金額が1兆円を大きく超えた年もあり、各社の火災保険は赤字傾向が続いています。風水害が多発する背景には、近年の急激な気候変動があると見られますが、自然災害のリスクは変化していくと考えられることから、リスク評価が難しくなっています。そのため今回は、保険料値上げに加え、10年の契約が廃止され、最長契約期間が5年に短縮されました。これにより、災害発生の実情を保険料に早期に反映できるようになる見通しです。

30 ③ 火災保険は損害保険会社の主力商品の1つであり、収支の改善が急務となっています。保険料の値上げだけではなく、気候リスクを考慮し、地域ごとに細かく保険料を設定するといった対応も今後必要になるものと思われます。

経済・金融 11

1. 全体を理解する — チャレンジしてみよう! —

構成に注意しながらパート①〜③ 🔊31 〜 🔊33 を聞いて、キーワードだと思う言葉をいくつか書き出しなさい。

2. ポイントをつかむ —「〜が／〜は」と、それに続く動詞の部分に注意しよう! —

パート① 🔊31 をもう一度聞いて、その内容について答えなさい。

a. 以下を埋めなさい。（○には「が」か「は」を入れなさい。）

_____ ○、
_____。この合併により、新会社は売上高で
業界第3位の規模となる見込みです。

b. ニュースの要点について、主語と述部を意識してまとめなさい。

3. 詳細を理解する

パート② 🔊32 をもう一度聞いて、その内容について答えなさい。

a. 合併の詳細について、（　　　）に適切な言葉を入れなさい。

・合併比率（①　　　　　　　　）
・新会社名（②　　　　　　　　）
・新会社の社長には（③　　　　　　　　　）建設の社長が、
　会長には（④　　　　　　　　　）建設の社長がなる。

b．合併の理由は何か。正しい番号を選びなさい。

1. 都市部の再開発事業に対応するため。
2. 土木事業を拡大するため。
3. 業界の厳しい競争を勝ち抜くため。
4. 買収されるのを防ぐため。

4. 展開をつかむ

パート③ ◁))33 をもう一度聞いて、その内容について答えなさい。

a．以下を埋めなさい。

マリオ建設の佐々木＿＿＿＿＿＿、両社が長年築いてきた実績と技術力を
活かし、効率よい組織を作ることで＿＿＿＿＿＿＿＿＿、＿＿＿＿＿＿＿＿＿
＿＿＿＿＿＿＿＿＿＿＿＿＿＿＿＿＿＿＿。

b．パート①、②の内容とどんな関係があるか考えなさい。

5. 発音を確認する

◁))31 ～ ◁))33 の後に続いて、同じように言いなさい。

6. 構成、内容、意味を確認する

スクリプトを声に出して読みなさい。

〜解答と聞き取りのポイント〜

1. 省略

2. a．スクリプト（🔊31 ①）参照
   b．建設業準大手の北アジア建設とマリオ建設が、合併することで合意した。

3. a．①1対1
     ②新アジア建設
     ③マリオ
     ④北アジア
     ◆「AはBに相当する」
     「AはBとほぼ同じである」という意味で、ニュースではAの価値や程度を別の基準であるBに置き換えて分かりやすく説明する時に出てくる。
     ◆「軒並み〜」
     「どれもこれもみんな〜」という意味で、ニュースではデータの傾向を説明する時などによく使われる。
       例．電気、ガスなどの公共料金は軒並み値上がりした。
         売り上げは各支社とも軒並み低調となっている。
   b．3

4. a．スクリプト（🔊33 ③）参照
   b．①、②についての新社長の抱負
     ◆「両社」
     「2つの会社」という意味で、前に出てきた2つの会社をまとめて表す時に使われる。

建設業 準大手2社が合併に合意

31 ① 建設業 準大手の北アジア建設とマリオ建設が、今年10月に合併することで合意しました。この合併により、新会社は売上高で業界第3位の規模となる見込みです。

32 ② 合併比率は1対1で、新会社の名称は新アジア建設とし、社長にはマリオ建設社長の佐々木正平氏が、会長には北アジア建設社長の大谷一郎氏が就任します。昨年度の2社の売上高の合計は業界第3位に相当します。建設業界は、都市部の再開発事業や防災・減災のための土木事業など需要は堅調に推移しているものの、受注競争が激化しており、各社の採算は軒並み低下傾向にあります。北アジア建設とマリオ建設の合併も、業界の厳しい競争を勝ち抜くための決断だったと見られています。

33 ③ マリオ建設の佐々木社長は、両社が長年築いてきた実績と技術力を活かし、効率よい組織を作ることで生産性を高め、収益力ある新会社を目指したいとしています。

（上の内容は創作したもので、実在の人物・団体とは関係ありません。）

コラム　～企業の統合や協力でよく出てくる用語～

- ■合併　　複数の会社が一緒になり、1つの会社になること。
- ■経営統合　複数の会社が共同で親会社となる持株会社を新規に設立し、出資した会社が子会社として持株会社の傘下に入ること。
- ■資本提携　協力関係の強化のため、一方が他方の株式を保有したり、お互いに株式を持ち合ったりすること。
- ■業務提携　企業同士が営業や商品開発など業務について協力関係を結ぶこと。
- ■合弁　　ある事業を行うために複数の企業が共同出資し、会社を作ること。

経済・金融 12

1. 全体を理解する — チャレンジしてみよう! —

構成に注意しながらパート①～③ 🔊 34 ～ 🔊 36 を聞いて、キーワードだと思う言葉をいくつか書き出しなさい。

2. ポイントをつかむ — 「～が／～は」と、それに続く動詞の部分に注意しよう! —

パート① 🔊 34 をもう一度聞いて、その内容について答えなさい。

a. 以下を埋めなさい。（○には「が」か「は」を入れなさい。）

昨年末に閉鎖された千葉県の大型商業施設、マリンモールの＿＿＿＿＿＿

＿＿＿＿＿＿、地元の複数の企業で出資、交渉を進めていた＿＿＿＿＿ ○、

＿＿＿＿＿＿＿＿＿＿＿＿＿＿＿＿＿＿＿＿＿＿＿。

b. ニュースの要点について、主語と述部を意識してまとめなさい。

3. 詳細を理解する

パート② 🔊 35 をもう一度聞いて、その内容について答えなさい。

a. パート①に出てくる「大型商業施設」「新会社」はパート②でそれぞれ何と言い換えているか。（　　　）に適切な言葉を入れなさい。

大型商業施設 ＝ （　　　　　　）＝ （　　　　　　）

新会社 ＝ （　　　　　　　　　　　　　　　　）

b. 新会社がマリンモールの運営を引き継ごうとした理由は何か。正しい番号を選びなさい。

1. 町の活力が失われることを心配したため。
2. マリンモールを地元の有志で運営するため。
3. マリンモールに融資していたため。
4. 新しい店舗を誘致するため。

c. パート①に出てくる「新会社が、年内の運営開始を断念することになりました」について、その理由をパート②で何と説明しているか。正しい番号を選びなさい。

1. 地元住民が反対したため。
2. 経営者が見つからなかったため。
3. 運営に必要な資金が集められなかったため。
4. 新会社の経営方針をめぐり、意見が対立したため。

4. 展開をつかむ

パート③ ◁))36 をもう一度聞いて、その内容について答えなさい。

a. 以下を埋めなさい。

＿＿＿＿＿＿＿＿、需給に見合った施設規模のダウンサイジングを含め、もう一度事業計画を見直して、＿＿＿＿＿＿＿＿＿＿＿＿＿＿＿＿＿＿＿＿＿＿＿＿。

b. パート①、②の内容とどんな関係があるか考えなさい。

5. 発音を確認する

◁))34 ～ ◁))36 の後に続いて、同じように言いなさい。

6. 構成、内容、意味を確認する

スクリプトを声に出して読みなさい。

～解答と聞き取りのポイント～

1. 省略

2. a．スクリプト（🔊34 ①）参照

b．地元の新会社が、マリンモールの年内の運営開始を断念することになった。

◆「～を…ことになった」
ニュースでは、「～を…ことになった」の形で、「～」について決定したことを伝える時によく使われる。「～は…ことになった」の形もある。

3. a．商業施設　施設　受け皿会社・ニューローカル＆ショップ

◆パート①の言葉をパート②で短く言い換えている例
「大型商業施設」→「商業施設」→「施設」
◆パート①の言葉をパート②で詳しく言い換えている例
「新会社」→「受け皿会社・ニューローカル＆ショップ」

b．1

◆「～かねない」
「～という悪い可能性がある」という意味で、話し手のマイナスの見解を表す時によく使われる。
例．グローバル社会にあっては、一国の金融危機が世界経済の混乱を招きかねない。

◆「～。そこで…」
ニュースでは、「～」で問題提起をし、その解決策として「積極的に…をする」と言いたい時によく使われる。「そこで」の後に続く内容に特に注意して聞こう。

c．3

◆「～として…」
「～と｛判断した／考えた／決定した｝ため…という結果になった」という意味で、「～」には、結果の根拠となる内容がくる。
例．経営陣は人員削減は避けられないとして、組合側に理解を求めた。
　　A社はB社との合併は難しいとして、白紙撤回を表明した。

◆「めどがつく／めどが立つ」
今ある問題などについて、これからどうなるかという見通しや解決が見えてきたと言いたい時に使われる。「資金を調達するめどがつかず」は「資金調達の問題が解決しそうもない」という意味になる。

4. a．スクリプト（🔊36 ③）参照

b．①、②についての地元関係者のコメント

大型商業施設再生、資金調達のめど立たず

🔊**34** ① 昨年末に閉鎖された千葉県の大型商業施設、マリンモールの経営再建について、地元の複数の企業で出資、交渉を進めていた新会社が、年内の運営開始を断念することになりました。

🔊**35** ② スーパーや衣料品店、飲食店などおよそ50店舗が入っていたマリンモールの運営会社は、昨年12月に経営破綻しましたが、町の顔でもあった商業施設の撤退は、町から賑わいを奪い、衰退を招きかねないとする声が強まりました。そこで、地元の有志企業が集まり、受け皿会社・ニューローカル＆ショップを設立し、年内に施設の運営を引き継ぐ方向で調整を進めていました。しかし、資金の支援を打診していた金融機関や地元自治体が、採算性が不透明であるとして難色を示したため、必要な資金を調達するめどがつかず、年内の運営開始を断念することになりました。

🔊**36** ③ 地元関係者は、需給に見合った施設規模のダウンサイジングを含め、もう一度事業計画を見直して、施設の再生を実現すべく引き続き努力したいと話しています。

（上の内容は創作したもので、実在の人物・団体とは関係ありません。）

経済・金融 13

1. 全体を理解する ― チャレンジしてみよう！ ―

構成に注意しながらパート①〜③ 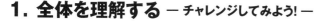37 〜 39 を聞いて、キーワードだと思う言葉をいくつか書き出しなさい。

2. ポイントをつかむ ―「〜が／〜は」と、それに続く動詞の部分に注意しよう！ ―

パート① 37 をもう一度聞いて、その内容について答えなさい。

a. 以下を埋めなさい。（○には「が」か「は」を入れなさい。）

_____ ○ 、建て替えが計画されている秩父宮

_____ 、大手ゼネコン企業

の_____ 。

b. ニュースの要点について、主語と述部を意識してまとめなさい。

3. 詳細を理解する

パート② 38 をもう一度聞いて、その内容について答えなさい。

a. 秩父宮ラグビー場が新たに整備されることになった理由は何か。2つ挙げなさい。

b．落札内容について、（　　　）に適切な言葉や数字を入れなさい。

・競争入札には、（①　　　　　　　　　　　）が応募し、鹿島建設、三井不動
　産、東京建物、東京ドームなどからなる（②　　　　　　）「Scrum for 新秩
　父宮」が選定された。

・落札金額はおよそ（③　　　　　　　　　）円で、ラグビー場の（④　　　　　）
　とその後（⑤　　　　　）の（⑥　　　　　　）を担う。

c．新しい秩父宮ラグビー場は、ラグビーの試合以外に何ができるようになる
　か。それはなぜか。

4. 展開をつかむ

パート③ 🔊39 をもう一度聞いて、その内容について答えなさい。

a．以下を埋めなさい。

　　新しい秩父宮ラグビー場は＿＿＿＿＿＿＿＿＿＿＿＿＿＿＿＿＿＿＿＿
　　＿＿＿＿＿で、周辺の整備なども含めた＿＿＿＿＿＿＿＿＿＿＿＿＿＿＿＿
　　＿＿＿＿＿＿＿＿＿＿＿。

b．パート①、②の内容とどんな関係があるか考えなさい。

5. 発音を確認する

🔊37 ～ 🔊39 の後に続いて、同じように言いなさい。

6. 構成、内容、意味を確認する

スクリプトを声に出して読みなさい。

～解答と聞き取りのポイント～

1. 省略

2. a. スクリプト （🔊37 ①） 参照
   b. 日本スポーツ振興センターが、秩父宮ラグビー場の整備や運営を行う事業者に、鹿島建設を代表とする事業団を選定したと発表した。

3. a. 老朽化が著しいため。
      多様化するニーズへの対応が求められているため。
      ◆「Aの一環としてB」
      「Aの中の1つとして部分Bをする」という意味で、ニュースでは、BがAという活動や計画の一部分であると述べたい時に使われる。
   b. ①3つのグループ
      ②事業団
      ③81億8千万
      ④整備
      ⑤30年間
      ⑥運営
      ◆「～を担う」
      ニュースでは「～」について、責任を持って引き受ける、役割として行うと言いたい時に使われる。
         例. 新社長は会社の再建を担うことになった。
            未来を担う人材への投資は積極的に行うべきである。
   c. コンサートなど様々なイベントが行えるようになる。
      雨や騒音を気にする必要がないドーム型の屋根付きスタジアムになるため。
      ◆「A付き（の）B」
      「BにAがついている」という意味。

4. a. スクリプト （🔊39 ③） 参照
   b. ①、②についての追加情報

新秩父宮ラグビー場、整備・運営事業者決まる

🔊37 ① 日本スポーツ振興センターは、建て替えが計画されている秩父宮ラグビー場の整備や運営を行う事業者に、大手ゼネコン企業の鹿島建設を代表企業とする事業団を選定したと発表しました。

🔊38 ② 東京の明治神宮外苑にある秩父宮ラグビー場はラグビーの聖地ともいわれ、ラグビーファンに長く親しまれてきましたが、老朽化が著しいことや多様化するニーズへの対応が求められていることなどから、神宮外苑地区の再開発の一環として新たに整備することが決まっていました。日本スポーツ振興センターが実施した事業の主体を選ぶ競争入札には、3つのグループが応募し、鹿島建設、三井不動産、東京建物、東京ドームなどからなる事業団「Scrum for新秩父宮」が選定されました。落札金額はおよそ81億8千万円で、ラグビー場の整備とその後30年間の運営を担います。新ラグビー場はドーム型の屋根付きスタジアムで、雨や騒音を気にする必要がないため、ラグビーの試合だけではなく、コンサートなど様々なイベントが行えるようになります。

🔊39 ③ 新しい秩父宮ラグビー場は2027年12月末から運用を開始する予定で、周辺の整備なども含めたすべての工事は2034年5月に完了するということです。

コラム　～競争入札～

競争入札、または入札という。売買の際、複数の契約希望者に、契約内容や金額などの条件を文書で提出させ、その中から発注者にとって最も有利な契約内容や金額などを提示した契約希望者と契約することをいう。誰でも入札に参加できる一般競争入札と、過去の実績などから参加者を事前に発注者が指名する指名競争入札がある。日本では、国や地方公共団体との契約は原則として一般競争入札で行われている。

経済・金融 14

1. 全体を理解する — チャレンジしてみよう！ —

構成に注意しながらパート①〜③ 40 〜 42 を聞いて、キーワードだと思う言葉をいくつか書き出しなさい。

2. ポイントをつかむ —「〜が／〜は」と、それに続く動詞の部分に注意しよう！ —

パート① 🔊40 をもう一度聞いて、その内容について答えなさい。

a．以下を埋めなさい。（○には「が」か「は」を入れなさい。）

今日の＿＿＿＿＿＿＿＿＿ ○、＿＿＿＿＿＿＿＿ ○ ＿＿＿＿、一時１ドル130円70銭台をつけ、2002年4月以来、20年ぶりの円安水準となりました。

b．ニュースの要点について、主語と述部を意識してまとめなさい。

3. 詳細を理解する

パート② 🔊41 をもう一度聞いて、その内容について答えなさい。

a．円安が進んだきっかけは何か。

b．投資家の間で円を売って、より利回りが見込めるドルを買う動きが加速した理由は何か。

4. 展開をつかむ

パート③ ◁))42 をもう一度聞いて、その内容について答えなさい。

a. 以下を埋めなさい。

_____、日本とアメリカの金利差が拡大する中、今回_____
_____姿勢をはっきり示したことによって、_____、
_____として_____。

b. パート①、②の内容とどんな関係があるか考えなさい。

5. 発音を確認する

◁))40 ～ ◁))42 の後に続いて、同じように言いなさい。

6. 構成、内容、意味を確認する

スクリプトを声に出して読みなさい。

～解答と聞き取りのポイント～

1. 省略

2. a. スクリプト（🔊**40**①）参照

b. 東京外国為替市場で円安ドル高が進み、20年ぶりの円安水準となった。

◆「(値)をつける」
相場のニュースでは、ある価格で取引が成立するという意味で使われる。新しい水準や区切りのよい水準など、注目される水準で取引された場合によく出てくる。

3. a. 日銀が金融緩和策を維持し、長期金利の上昇を容認しない姿勢を明確にしたこと。

◆「～展開となる」
相場のニュースで、市場での取引が進む様子を表す時に使われる表現。「～」の部分には、取引がどんな状況であるかが述べられている。

b. 金融引き締めを進めるアメリカとの金融政策の違いが鮮明になったため。

4. a. スクリプト（🔊**42**③）参照

b. ①、②についての関係者のコメント

◆「当面～{は／が}続く」
「今後しばらくは～する／の状況が続く」と言いたい時によく使われる。ニュースでは、ごく近い将来の状況を予測する時に使われることが多い。

東京外国為替市場、円安ドル高進む

🔊 40 ① 今日の東京外国為替市場は、円安ドル高が進み、一時1ドル130円70銭台をつけ、2002年4月以来、20年ぶりの円安水準となりました。

🔊 41 ② 今日の東京外国為替市場は、日銀が金融政策決定会合で、今の大規模な金融緩和策を維持し、長期金利の上昇を容認しない姿勢を明確にしたことを受け、円安が一段と進む展開となりました。インフレ懸念から金融引き締めを進めるアメリカのFRB、連邦準備制度理事会との金融政策の違いが一層鮮明になったことから、投資家の間で円を売って、より利回りが見込めるドルを買う動きが加速しました。その結果、円相場は一時、1ドル130円70銭台まで急落し、2002年4月以来、20年ぶりの円安水準を更新しました。午後5時時点の円相場は、前日と比べて2円61銭円安ドル高の1ドル130円59銭から60銭でした。

🔊 42 ③ 市場関係者は、日本とアメリカの金利差が拡大する中、今回日銀が長期金利の上昇を抑える姿勢をはっきり示したことによって、当面、円を売る流れは続くとして急激な円安に警戒感を強めています。

（上の内容は創作したものです。）

コラム　～金融のニュースでよく出てくる用語～

■金融政策決定会合
日本の金融政策の運営に関する事項を審議・決定する会合。日本銀行の最高意思決定機関である政策委員会によって年に8回開催される。

■連邦準備制度理事会(FRB)
米国の中央銀行制度である連邦準備制度（FRS）の最高意思決定機関。Federal Reserve Boardの略でFRBと呼ばれる。

■金融緩和
中央銀行が政策金利を引き下げたり、資金の供給量を増やしたりすること。これによって、経済活動を刺激する効果が期待できるとされている。

■金融引き締め
中央銀行が政策金利を引き上げたり、資金の供給量を減らしたりすること。これによって、景気の過熱を抑え、物価の安定化を図る効果が期待できるとされている。

経済・金融 15

1. 全体を理解する ― チャレンジしてみよう! ―

構成に注意しながらパート①〜③ 🔊43 〜 🔊45 を聞いて、キーワードだと思う言葉をいくつか書き出しなさい。

2. ポイントをつかむ ―「〜が／〜は」と、それに続く動詞の部分に注意しよう! ―

パート① 🔊43 をもう一度聞いて、その内容について答えなさい。

a. 以下を埋めなさい。（○には「が」か「は」を入れなさい。）

　日本商工会議所が行った、＿＿＿＿＿＿＿＿＿＿＿＿＿＿＿＿＿調査で、

＿＿＿＿＿＿＿＿＿○＿＿＿＿＿＿＿＿＿＿＿＿＿＿＿。

b. ニュースの要点について、主語と述部を意識してまとめなさい。

3. 詳細を理解する

パート② 🔊44 をもう一度聞いて、その内容について答えなさい。

a. パート①に出てくる「5割以上」は、パート②で具体的に何パーセントと言っているか。

b．円安はデメリットのほうが大きいと答えた企業が、具体的な影響として挙げていることは何か。パート②の内容に合うように、｛　　　｝から適切な言葉を選び、（　　　）には適切な言葉を入れなさい。

（　　　　　）、（　　　　　　　）、商品等の（　　　　　）価格や（　　　　　）、
（　　　　　　　）価格の｛上昇・下降｝に伴う負担｛増・減｝。

c．コストの上昇分を企業努力でカバーできない場合でも価格を上げない企業があるが、それはなぜか。

4．展開をつかむ

パート③ ◁))45 をもう一度聞いて、その内容について答えなさい。

a．以下を埋めなさい。

　　　　　基調は今後も　　　　　すると見られており、　　　　　　　　　　　　　

　　　　　　　　　　　　　　　　　。

b．パート①、②の内容とどんな関係があるか考えなさい。

5．発音を確認する

◁))43 ～ ◁))45 の後に続いて、同じように言いなさい。

6．構成、内容、意味を確認する

スクリプトを声に出して読みなさい。

～解答と聞き取りのポイント～

1. 省略

2. a. スクリプト（🔊43 ①）参照
   b. 日本商工会議所の調査で5割以上の企業が円安はデメリットだと答えた。

3. a. 53.3%
   ◆パート①の言葉をパート②で詳しく言い換えている例
   　　「5割以上」→「53.3%」
   ◆「～を対象に行った{調査／アンケート}によると…」
   　　調査結果を伝えたい時にニュースで多用される表現。「…」の部分に結果がくる。「によると」と聞こえたら、その後に続く「…」の部分に集中しよう。
   ◆「Aが～のに対し、Bは…」
   　　「Aが～」と「Bは…」の部分を対比的に表し、その違いを強調したい時に使われる。言いたいことはBの部分なので、集中して聞こう。
   b. 原材料
   　　部品
   　　仕入れ
   　　燃料
   　　エネルギー
   　　上昇
   　　増
   ◆「～たところ、…た」
   　　ニュースでは、「～したら…という結果になった」と言いたい時によく使われる。「たところ」の後に続く部分に集中しよう。
   ◆「～に伴う＋[名詞]」「～に伴い…」
   　　「～という変化によって[名詞]「…」という変化が起きた」という意味。ニュースでは、「～」の部分にきっかけとなる出来事、[名詞]や「…」の部分にその結果がくることが多い。
   c. 価格競争力が低下することをおそれているため。

4. a. スクリプト（🔊45 ③）参照
   b. ①、②についての放送局のコメント
   ◆「～基調」
   　　経済ニュースなどで、「～の傾向が続いている」と言いたい時によく使われる。
   　　例. 需要の拡大で、観光業は回復基調にある。
   　　　　株価は上昇基調から下落基調に転換した。

中小企業の5割以上「円安はデメリット」

43 ① 日本商工会議所が行った、円安が中小企業の業績に与える影響についての調査で、5割以上の企業が円安はデメリットだと答えました。

44 ② 日本商工会議所が全国の商工会議所の会員企業を対象に行った調査によると、円安について「メリットのほうが大きい」と答えた企業が1.2%だったのに対し、「デメリットのほうが大きい」と回答した企業は53.3%でした。「デメリットのほうが大きい」と回答した企業に具体的な影響を尋ねたところ、「原材料、部品、商品等の仕入れ価格上昇に伴う負担増」が80.7%、次いで「燃料、エネルギー価格の上昇に伴う負担増」が73.6%でした。こうした仕入れコストの上昇分を企業努力でカバーできず、販売価格の改定を行う企業もありますが、価格競争力が低下することへのおそれなどから、価格の見直しに踏み切れない企業もあります。

45 ③ 円安基調は今後も継続すると見られており、中小企業経営は厳しい状況が続きそうです。

経済・金融 16

1. 全体を理解する — チャレンジしてみよう! —

構成に注意しながらパート①～③ 🔊46 ～ 🔊48 を聞いて、キーワードだと思う言葉をいくつか書き出しなさい。

2. ポイントをつかむ — 「～が／～は」と、それに続く動詞の部分に注意しよう! —

パート① 🔊46 をもう一度聞いて、その内容について答えなさい。

a. 以下を埋めなさい。（○には「が」か「は」を入れなさい。）

_____ ○ 3か月ごとにまとめている地域経済報告、通称_____

_____、全国の_____、中国地方を除く

_____。

b. ニュースの要点について、主語と述部を意識してまとめなさい。

3. 詳細を理解する

パート② 🔊47 をもう一度聞いて、その内容について答えなさい。

a. パート①に出てくる「日本銀行」「下方修正した」は、パート②でそれぞれ何と言い換えているか。（　　　　）に適切な言葉を入れなさい。

日本銀行 = （　　　　　　）
下方修正した = （　　　　　　　）

b. 下方修正した理由は何か。2つ挙げなさい。

c．項目別の景気判断について、（　　　　）に適切な言葉を入れなさい。

個人消費は（　　　　　　　）、設備投資は（　　　　　　）だった。

d．企業からどんな声が上がっているか。正しい番号をすべて選びなさい。

1. 食料品店「価格を上げたら販売が大きく減少した」
2. 食料品店「価格を上げても販売はそれほど減少しなかった」
3. 生産用機械メーカー「価格を上げたら収益が大きく下がった」
4. 生産用機械メーカー「価格を上げても収益への影響はそれほどでもない」

4. 展開をつかむ

パート③ ◁》48 をもう一度聞いて、その内容について答えなさい。

a．以下を埋めなさい。

＿＿＿＿＿引き続き感染症や地政学的リスクの動向等が日本の経済金融情勢
に与える影響を＿＿＿＿＿＿＿＿＿＿＿＿＿＿＿＿＿＿＿＿＿＿、
＿＿＿＿＿＿＿＿＿＿＿＿東海地方を除く＿＿＿＿＿＿＿＿＿＿＿＿＿＿、
今後、＿＿＿＿＿＿＿＿＿＿＿＿＿＿＿＿＿＿＿＿＿＿＿＿。

b．パート①、②の内容とどんな関係があるか考えなさい。

5. 発音を確認する

◁》46 ～ ◁》48 の後に続いて、同じように言いなさい。

6. 構成、内容、意味を確認する

スクリプトを声に出して読みなさい。

～解答と聞き取りのポイント～

1. 省略

2. a. スクリプト（🔊46 ①）参照
   b. 日本銀行が全国の9つの地域のうち、8つの地域で景気判断を下方修正した。
      ◆「A、通称B」
      Aが正式な名前で、Bは世間一般で知られている別の呼び方や名前のこと。AかBのどちらかが聞き取れればよい。

3. a. 日銀
      引き下げた
      ◆パート①の言葉をパート②で短く言い換えている例
         「日本銀行」→「日銀」
      ◆パート①の言葉をパート②で同じような意味の言葉に言い換えている例
         「下方修正した」→「引き下げた」
   b. 半導体などの部品の供給不足のため。
      感染症の再拡大で飲食や宿泊などの消費が落ち込んでいるため。
   c. 引き下げ
      横ばい
   d. 1、4
      ◆「A一方でB」
      ニュースでは、AとBを取り上げて対比させたい時によく使われる。Aの部分が分かれば、Bの部分が推測しやすくなる。

4. a. スクリプト（🔊48 ③）参照
   b. ①、②についての日銀と放送局のコメント
      ◆「～情勢」
      元は、「～が変化していく様子」という意味だが、ニュースでは、「～」についての状況を表す時に出てくる。ほかに、「政治情勢」「社会情勢」「国際情勢」「アジア情勢」「中東情勢」などがある。

日銀、景気判断を8地域で下方修正

🔊46 ① 日本銀行は3か月ごとにまとめている地域経済報告、通称さくらレポートを公表し、全国の9つの地域のうち、中国地方を除く8つの地域で景気判断を下方修正しました。

🔊47 ② 日銀は今回の景気判断について、全体としては持ち直しの方向にあることに変わりはないものの、半導体などの部品の供給不足や、感染症の再拡大で飲食や宿泊などの消費が落ち込んでいることを理由に、8つの地域で引き下げたとしています。項目別で見ると、個人消費はサービス消費の下押し圧力などにより、9つの地域で判断が引き下げられています。設備投資はほとんどの地域で横ばいでした。企業の主な声として、食料品店からは「原価上昇からやむなく弁当の一部で価格を上げたところ、販売が大きく減少した」、一方で生産用機械メーカーからは「産業用ロボットや半導体製造装置向け部品への旺盛な需要を背景に、販売価格への転嫁は順調に進んでおり、収益への影響はさほど大きくない」などが上がっており、業種によって原材料コスト上昇の影響に違いが見られます。

🔊48 ③ 日銀は引き続き感染症や地政学的リスクの動向等が日本の経済金融情勢に与える影響を注視していくとしていますが、企業の景況感は東海地方を除く8地域で悪化しており、今後、政府・日銀の対応を求める声が強まりそうです。

（参考：地域経済報告（さくらレポート、2022年4月）日本銀行）

コラム　～景気の説明によく出てくる用語～

- ■下方修正⇔上方修正　予想や実績を{悪い／よい}数字や評価に直すこと。
- ■持ち直し　価格や数値が一度悪くなった状態から元のよい状態に向かうこと。
- ■落ち込む　価格や数値がはっきりと下落し、悪い状態になること。
- ■下押し圧力　相場を下げたり、景気を悪化させる要因となるもの。
- ■横ばい　価格や数値があまり変わらずに推移すること。
- ■悪化⇔改善　数値や評価が{悪く／よく}なること。

経済・金融 17

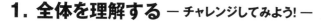

1. 全体を理解する — チャレンジしてみよう! —

構成に注意しながらパート①〜③ 🔊49 〜 🔊51 を聞いて、キーワードだと思う
言葉をいくつか書き出しなさい。

2. ポイントをつかむ —「〜が／〜は」と、それに続く動詞の部分に注意しよう! —

パート① 🔊49 をもう一度聞いて、その内容について答えなさい。

a. 以下を埋めなさい。（○には「が」か「は」を入れなさい。）

業務スーパーの元社長が立ち上げた＿＿＿＿＿＿＿＿＿＿＿＿＿○、

＿＿＿＿＿＿＿＿＿＿＿＿＿。

b. ニュースの要点について、主語と述部を意識してまとめなさい。

3. 詳細を理解する

パート② 🔊50 をもう一度聞いて、その内容について答えなさい。

a. 会社設立の目的は何か。

b．次の文は社長が地熱発電の会社を立ち上げた背景について述べたものです。パート②の内容に合うように、{　　　}から適切な言葉を選び、（　　　）には適切な言葉を入れなさい。

・日本のエネルギー（①　　　　　　）は{②　高い・低い}。
・日本の地熱（③　　　　　　）は{④　多い・少ない}が、（⑤　　　　　　）が{⑥　高く・低く}、（⑦　　　　　　）が{⑧　進んでいる・遅れている}。
・自分で地熱発電の会社を作って日本のエネルギー（⑨　　　　　　）を{⑩　上げたい・下げたい}。

c．同社が建設中の地熱発電所について（　　　）に適切な数字を入れなさい。

地熱発電は調査開始から発電所稼働まで通常（　　　）年以上かかるが、このまま順調に行けばおよそ（　　　）年で完成する見込み。

4. 展開をつかむ

パート③ 🔊51 をもう一度聞いて、その内容について答えなさい。

a．以下を埋めなさい。

同社によると、発電所の稼働で8000世帯分の電力が賄えるようになるほか、熱水を利用した農水産事業で地域活性化を図るということです。
_____果敢な_____。

b．パート①、②の内容とどんな関係があるか考えなさい。

5. 発音を確認する

🔊49 ～ 🔊51 の後に続いて、同じように言いなさい。

6. 構成、内容、意味を確認する

スクリプトを声に出して読みなさい。

～解答と聞き取りのポイント～

1. 省略

2. a．スクリプト（🔊**49** ①）参照
　　b．地熱発電の会社の取り組みが注目を集めている。

3. a．地熱発電事業を中心に町おこしを行うこと。
　　　◆「Aを軸にB」
　　　「Aを中心にしてBする」という意味。
　　　◆「［動詞意向形］＋と～」
　　　「［動詞］を実現するために、～する」という意味で、ニュースでは、新しい試みや法律、制度などについて、「何かをするために {行った／作った／始めた}」などと言いたい時に使われる。
　　b．①自給率　②低い　③資源量　④多い　⑤リスク　⑥高く　⑦開発
　　　⑧遅れている　⑨自給率　⑩上げたい
　　　◆「～化を図る」
　　　「～の状態に変化させるよう努める」という意味で、「簡素化を図る」「差別化を図る」などのように使われる。▶ 経済・金融②◆「～化」参照
　　c．10
　　　7

4. a．スクリプト（🔊**51** ③）参照
　　b．①、②についての追加情報と放送局のコメント
　　　◆「～が賄える」
　　　必要なものや費用「～」が調達でき、なんとか対処できるという意味。
　　　例．Wi-Fiの環境整備が補助金で賄えるかどうか調査した。
　　　　防衛費増額を賄うための安易な増税は、国民の反発を招くだろう。

業務スーパーの元社長が地熱開発

🔊49 ① 業務スーパーの元社長が立ち上げた地熱発電の会社の取り組みが、今注目を集めています。

🔊50 ② この会社は「株式会社町おこしエネルギー」。地熱発電事業を軸に地域の町おこしを行おうと、業務スーパーの元社長が私財を投じて設立した会社です。国際情勢が不透明な中、エネルギー自給率が低い日本の将来に危機感を覚えた社長は、世界第3位の地熱資源量がありながら、リスクが高く開発がなかなか進まないとされる地熱発電で日本のエネルギー自給率を引き上げるという目標を掲げ、5年前に異業種から転身しました。現在、同社は熊本県の小国町で地熱発電所を建設していますが、自社開発の掘削機を使って効率化を図り、異例のスピードで作業を進めています。地熱発電は調査開始から発電所稼働まで通常10年以上はかかるといわれていますが、このまま順調に行けば、およそ7年で実現する見込みです。

🔊51 ③ 同社によると、発電所の稼働で8,000世帯分の電力が賄えるようになるほか、熱水を利用した農水産事業で地域活性化を図るということです。社長の果敢な挑戦が日本の地熱開発を加速させるかもしれません。

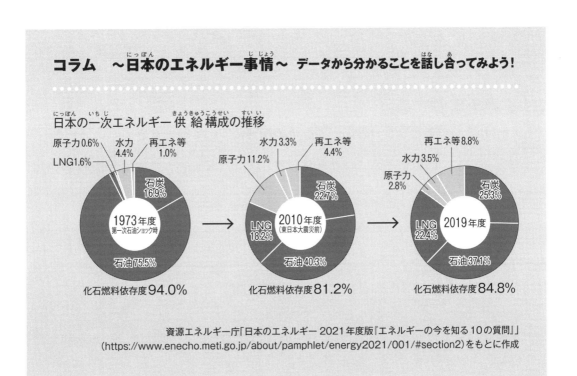

コラム　～日本のエネルギー事情～　データから分かることを話し合ってみよう！

日本の一次エネルギー供給構成の推移

1973年度（第一次石油ショック時）
- 原子力 0.6%
- 水力 4.4%
- 再エネ等 1.0%
- LNG 1.6%
- 石炭 16.9%
- 石油 75.5%

化石燃料依存度 94.0%

2010年度（東日本大震災前）
- 水力 3.3%
- 再エネ等 4.4%
- 原子力 11.2%
- 石炭 22.7%
- LNG 18.2%
- 石油 40.3%

化石燃料依存度 81.2%

2019年度
- 再エネ等 8.8%
- 水力 3.5%
- 原子力 2.8%
- 石炭 25.3%
- LNG 22.4%
- 石油 37.1%

化石燃料依存度 84.8%

資源エネルギー庁「日本のエネルギー 2021年度版『エネルギーの今を知る10の質問』」
(https://www.enecho.meti.go.jp/about/pamphlet/energy2021/001/#section2)をもとに作成

経済・金融 18

1. 全体を理解する ― チャレンジしてみよう! ―

構成に注意しながらパート①〜③ 🔊52 〜 🔊54 を聞いて、キーワードだと思う
言葉をいくつか書き出しなさい。

2. ポイントをつかむ ―「〜が／〜は」と、それに続く動詞の部分に注意しよう! ―

パート① 🔊52 をもう一度聞いて、その内容について答えなさい。

a. 以下を埋めなさい。（○には「が」か「は」を入れなさい。）

デジタル技術を活用しながら業務を行う、いわゆるデジタル人材の不足
が深刻な中、人材を育てる＿＿＿＿＿＿＿＿＿＿＿＿＿＿＿＿ ○ ＿＿＿＿＿

＿＿＿＿＿＿＿＿。

b. ニュースの要点について、主語と述部を意識してまとめなさい。

3. 詳細を理解する

パート② 🔊53 をもう一度聞いて、その内容について答えなさい。

a. パート①に出てくる「リスキリング」は、パート②で具体的に何と言ってい
るか。

b．今、デジタル人材を育成するリスキリングへの期待が高まっているのはなぜか。（　　　　）に適切な言葉を入れなさい。

あらゆる産業で（　　　　　　　　　　　　　　　　　　）が進み、

DX（　　　　）を（　　　　　　　　　　）の確保が急がれているため。

c．「DX白書」で述べられている「リーダーにあるべきマインド、スキル」について、正しく述べている番号をすべて選びなさい。

1．アメリカの企業は顧客優先の姿勢や変化を求める姿勢などを重視する。
2．日本企業は、チームを引っ張る力や高い業績を上げることなどを重視する。
3．日米どちらの企業もコミュニケーション能力を重視する。
4．テクノロジーリテラシーを重視するアメリカの企業は3割以上だが、日本企業は1割弱である。

4. 展開をつかむ

パート③ 🔊54 をもう一度聞いて、その内容について答えなさい。

a．以下を埋めなさい。

日本はIT関係の会社や企業のIT部門など、デジタル知見を持つ人材が一部に集中する傾向がありますが、_____業界業種を問わず、様々な分野で_____。_____

_____。

b．パート①、②の内容とどんな関係があるか考えなさい。

5. 発音を確認する

🔊52 ～ 🔊54 の後に続いて、同じように言いなさい。

6. 構成、内容、意味を確認する

スクリプトを声に出して読みなさい。

～解答と聞き取りのポイント～

1. 省略

2. a. スクリプト（🔊**52**①）参照
   b. デジタル人材を育てるリスキリングの遅れが指摘されている。
      ◆「AいわゆるB」
      Aを別の短い一言の言葉Bで言い換えて説明する時に使われる。両方聞き取れなくてもAかBのどちらかの部分が分かればよい。

3. a. 新しい業務で必要とされる知識や技術を身につける「学び直し」
      ◆パート①の内容をパート②で詳しく言い換えている例
         「リスキリング」→「新しい業務で必要とされる知識や技術を身につける「学び直し」」
      ◆「～{とは／というのは}…のことである」
         「～は…である」と、「～」を分かりやすく言い換える時に使われる。ニュースでは新しい言葉や事象の意味を具体的に説明する時によく使われる。
   b. DX、デジタルトランスフォーメーション　戦略　推進する人材
      ◆「～が急がれ（てい）る」
         ニュースでは放送局が世論を代弁して「～を急いでしなければならない」と伝える時によく使われる。
   c. 1、4
      ◆「[数字]＋に過ぎない」⇔「[数字]＋に{上る／達する}」
         「[数字]でしかない」⇔「[数字]にまでなる」という意味で、ニュースでは、その数字が小さい、または大きいことを話し手が強調したい時に使われる。数字の部分が聞き取れなくても、その数字が話し手にとって、「小さい数字」、または「大きい数字」であることが分かれば、内容をつかむ助けになる。▶ 政治・行政8 ◆「～にとどまる」参照
      ◆「～べき＋[名詞]」
         「～なければならない[名詞]」という意味で、ニュースでは「解決すべき社会課題」「国会で議論すべき問題」などのように使われる。
      ◆「～リテラシー」
         「～リテラシー」の形で、「～」に関する知識や情報などを適切に活用する能力という意味で使われる。「ITリテラシー」「金融リテラシー」「情報リテラシー」「メディアリテラシー」などの形でよく出てくる。

4. a. スクリプト（🔊**54**③）参照
   b. ①、②についての放送局のコメント

デジタル人材育成のためのリスキリング、日米で格差

🔊**52** ① デジタル技術を活用しながら業務を行う、いわゆるデジタル人材の不足が深刻な中、人材を育てるリスキリングの遅れが指摘されています。

🔊**53** ② リスキリングとは、新しい業務で必要とされる知識や技術を身につける「学び直し」のことです。あらゆる産業でDX、デジタルトランスフォーメーションが進み、DX戦略を推進する人材の確保が急がれています。そのため、この分野のリスキリングへの期待が高まっていますが、IPA、独立行政法人情報処理推進機構がまとめたDX白書によりますと、アメリカの企業の82.1%がリスキリングを実施しているのに対し、日本企業は33%に過ぎず、日米で大きな格差が見られます。アメリカに比べ日本のリスキリングが遅れている背景には、日本の企業マインドも影響していると思われます。白書によれば、「企業変革を推進するためのリーダーにあるべきマインドおよびスキル」として、日本企業は「リーダーシップ、実行力、コミュニケーション能力、戦略的思考」などを重視する一方、アメリカ企業は、「顧客志向、業績志向、変化志向、テクノロジーリテラシー」などを重視しています。中でも「テクノロジーリテラシー」を選択しているアメリカ企業は31.7%なのに比べ、日本企業は9.7%と低さが目立ちます。

🔊**54** ③ 日本はIT関係の会社や企業のIT部門など、デジタル知見を持つ人材が一部に集中する傾向がありますが、今後は業界業種を問わず、様々な分野でデジタル化が進みます。人材の育成は待ったなしの状況です。

コラム ～国名の省略～

ニュースでは国の名前を1文字で表す場合が多い。日本といくつかの国を取り上げる時は、まず日本が最初にくるが、後に続く国の名前によっては「日」の読み方が変わる。音で聞いてすぐ国名が分かるように1つ1つ確認しておこう。

例. 日米（日本とアメリカ）　　日中（日本と中国）
日韓（日本と韓国）　　　日露（日本とロシア）
日英（日本とイギリス）　日仏（日本とフランス）
日中韓（日本と中国と韓国）　米中（アメリカと中国）

経済・金融 19

1. 全体を理解する ― チャレンジしてみよう！ ―

構成に注意しながらパート①～③ 🔊55 ～ 🔊57 を聞いて、キーワードだと思う言葉をいくつか書き出しなさい。

2. ポイントをつかむ ―「～が／～は」と、それに続く動詞の部分に注意しよう！ ―

パート① 🔊55 をもう一度聞いて、その内容について答えなさい。

a．以下を埋めなさい。（○には「が」か「は」を入れなさい。）

2011年に起きた東京電力_____
東京電力に巨額の損失を与えたとして、同社の_____
_____、_____○13日、_____
4人_____、_____13兆3,210億円の_____
_____。賠償額としては国内の裁判で過去最高と見られます。

b．ニュースの要点について、主語と述部を意識してまとめなさい。

3. 詳細を理解する

パート② 🔊56 をもう一度聞いて、その内容について答えなさい。

a．パート①に出てくる「原子力発電所」は、パート②で何と言い換えているか。

b．誰が誰を訴えたか。（　　　　）に適切な言葉を入れなさい。

東電の（　　　　　　　）が東電の（　　　　　　　　）を訴えた。

c．裁判で争われたポイントは何か。（　　　）に適切な言葉を入れなさい。

（　　　　　）の敷地の（　　　　）を超える（　　　　）が来ることを試算
しながら、（　　　　）を講じなかった旧経営陣の（　　　　）が正しかっ
たかどうか。

d．判決について、（　　　）に適切な言葉を入れなさい。

（　　　　　　　）を講じていれば（　　　　　　　　　　）可能性があるとして、
旧経営陣の（　　　　　　　　）。

4. 展開をつかむ

パート③ 🔊57 をもう一度聞いて、その内容について答えなさい。

a．以下を埋めなさい。

東京電力福島第1原子力発電所の事故をめぐっては、これまで東電や国の
責任を問う集団訴訟がおよそ30件起きていましたが、_____
_____。

b．パート①、②の内容とどんな関係があるか考えなさい。

5. 発音を確認する

🔊55 ～ 🔊57 の後に続いて、同じように言いなさい。

6. 構成、内容、意味を確認する

スクリプトを声に出して読みなさい。

～解答と聞き取りのポイント～

1. 省略

2. a. スクリプト（🔊**55** ①）参照
   b. 東京地裁が東電の旧経営陣に対し、東電に13兆3,210億円の支払いを命じる判決を言い渡した。
   ◆「[訴えた理由]として～裁判で、[裁判所は]…判決を言い渡した」
   裁判のニュースでは、まず初めに、裁判の内容「～」、次に裁判の結果「…」を説明する文がくることが多い。パート①で、裁判の内容や結果を正確に聞き取るのは難しいので、ここでは「裁判所が誰にどんな判決を出したか」に集中して聞き取ろう。パート②で詳しい内容が出てくるので、慌てず聞こう。

3. a. 原発
   ◆パート①の言葉をパート②で短く言い換えている例
   「原子力発電所」→「原発」
   b. 個人株主ら　旧経営陣
   c. 原発　高さ　津波　対策　判断
   d. 津波対策　原発事故は防げた　過失を認めた
   ◆「～性」
   「～のような状態、傾向にある」という意味を表す。例えば、「安全性」「危険性」「機能性」などがある。
   ◆「A。その上でB」
   「Aが前提でB」という意味。Bにポイントがある場合が多いので、「その上で」という音が聞こえたら、その後に続く文に集中しよう。
   ◆裁判のニュースでは、パート②の部分に裁判の詳しい内容が説明される。「判決内容」と「判決の根拠や理由は何か」を聞き取ることが大事なポイントだが、その際「～として、(裁判所は)…」の形がよく使われる。判決の根拠は「～」、判決内容は「…」の部分にくるので注意が必要である。

4. a. スクリプト（🔊**57** ③）参照
   b. ①、②についての追加情報
   ◆「～をめぐって(は)、…」「～をめぐる＋[名詞]」
   「議論または対立している～について(は)…」「議論または対立している～についての[名詞]」と言いたい時に使われる。「～」が分からなくても、何かの議論や対立が起きていると理解しておこう。

東電旧経営陣に賠償命令

🔊 55　① 2011年に起きた東京電力福島第1原子力発電所の事故で東京電力に巨額の損失を与えたとして、同社の個人株主らが旧経営陣5人を訴えていた裁判で、東京地裁は13日、旧経営陣4人に対し、東電に13兆3,210億円の支払いを命じる判決を言い渡しました。賠償額としては国内の裁判で過去最高と見られます。

🔊 56　② 裁判では、2002年に津波地震を予測した国の「長期評価」に基づき、東電が2008年に「原発の敷地の高さを超える高さ15.7メートルの津波襲来」を試算していながら、「長期評価」の信頼性は低いとして対策を講じなかった判断の是非が争われました。判決は「長期評価」には科学的信頼性があるとし、巨大津波は予見できたと指摘しました。その上で、津波対策を講じていれば原発事故は防げた可能性があるとして、旧経営陣の過失を認めました。賠償責任については、事故の前年に就任した常務を除く4人の経営陣が負うべきだとして、事故で東電に生じた損失の全額、13兆3,210億円の支払いを命じました。

🔊 57　③ 東京電力福島第1原子力発電所の事故をめぐっては、これまで東電や国の責任を問う集団訴訟がおよそ30件起きていましたが、旧経営陣個人の法的責任が認められたのは初めてのことです。

コラム　〜東京電力福島第1原子力発電所事故〜

2011年3月11日14時46分、東日本大震災が発生。地震発生により福島原子力発電所のある大熊町は震度6強の揺れを観測した。この地震と津波により発電所は1〜4号機の全電源を喪失し、1〜3号機は核燃料が溶け落ちる「メルトダウン」が発生。その後、1,3,4号機で水素爆発が起き、大量の放射性物質が放出された。発電所の周辺の住民約15万人以上が避難を余儀なくされ、2023年5月現在も帰還困難区域が残っている。国際原子力機関(IAEA)と経済協力開発機構原子力機関(OECD/NEA)が定める原発事故の国際原子力事象評価尺度で最悪レベルの「レベル7」とされる事故である。

経済・金融 20

1. 全体を理解する — チャレンジしてみよう！ —

構成に注意しながらパート①〜③ 🔊58 〜 🔊60 を聞いて、キーワードだと思う言葉をいくつか書き出しなさい。

2. ポイントをつかむ — 「〜が／〜は」と、それに続く動詞の部分に注意しよう！ —

パート① 🔊58 をもう一度聞いて、その内容について答えなさい。

a. 以下を埋めなさい。（○には「が」か「は」を入れなさい。）

およそ2,800人の旧アルト物産の＿＿＿＿＿＿＿＿＿＿＿粉飾決算事件で損失を受けたとして、元社長など＿＿＿＿＿＿＿＿＿＿＿＿＿＿＿＿＿
＿＿＿＿＿＿＿裁判で、＿＿＿＿＿＿＿＿ ○ 旧経営陣側の＿＿＿＿＿＿＿＿
＿＿＿＿＿。これにより、およそ＿＿＿＿＿＿＿＿＿＿＿＿＿＿＿＿＿＿＿＿
二審の東京高裁の＿＿＿＿＿＿＿＿＿＿＿＿＿。

b. ニュースの要点について、主語と述部を意識してまとめなさい。

3. 詳細を理解する

パート② 🔊59 をもう一度聞いて、その内容について答えなさい。

a. パート①に出てくる「個人株主」は、パート②で何と言い換えているか。

―78―

ｂ．誰が誰を訴えたか。（　　　　）に適切な言葉を入れなさい。

旧アルト物産に投資していた（　　　　　　　　　　）や（　　　　）が
（　　　　）を訴えた。

ｃ．訴えた理由は何か。

4. 展開をつかむ

パート③ 🔊60 をもう一度聞いて、その内容について答えなさい。

ａ．以下を埋めなさい。

上場企業の粉飾決算事件の＿＿＿＿＿＿、監査法人の＿＿＿＿＿＿＿＿＿＿
＿＿＿＿＿＿＿＿ことから、＿＿＿＿＿＿＿＿企業監査の信頼性を高める目的で、
上場企業を担当する＿＿＿＿＿＿＿＿＿＿、＿＿＿＿＿＿＿＿＿＿＿＿＿＿＿＿
＿＿＿＿＿＿＿＿＿＿＿＿。

ｂ．パート①、②の内容とどんな関係があるか考えなさい。

5. 発音を確認する

🔊58 ～ 🔊60 の後に続いて、同じように言いなさい。

6. 構成、内容、意味を確認する

スクリプトを声に出して読みなさい。

～解答と聞き取りのポイント～

1. 省略

2. a. スクリプト（🔊**58**①）参照

b. 最高裁判所が旧アルト物産の経営陣の上告を退け、およそ65億円の支払いを命じた二審の東京高裁の判決が確定した。

　　◆「上告を退ける」
　　　　日本の裁判は「三審制」といって、1つの事件で3回まで審理を求めることができる。特に第二審の裁判の判決に納得がいかない時、高等裁判所、最高裁判所に判決の変更や取り消しを求めることができる。これを「上告」という。上告の要件を満たさない時や裁判所が認めなかった時、最高裁判所は「上告」の申し立てを「棄却」する。これは「上告を退ける」ともいう。この結果、原判決が確定することになる。

3. a. 個人投資家

　　◆パート①の言葉をパート②で同じような意味の言葉に言い換えている例
　　　　「個人株主」→「個人投資家」

b. 個人投資家
　　企業
　　旧経営陣

c. 粉飾決算で株が上場廃止になり、損失を受けたため。

4. a. スクリプト（🔊**60**③）参照

b. ①、②についての政府の対応

　　◆「Aの一因にはBがある／Aの一因はBにある」
　　　　ニュースでは「ある出来事Aが起きた原因の1つはBである」という意味でよく使われる。一因の後に続くBの部分に集中しよう。

旧アルト物産経営陣に65億円の賠償命じる

(🔊) 58 ① およそ2,800人の旧アルト物産の個人株主などが粉飾決算事件で損失を受けたとして、元社長など旧経営陣に損害賠償を求めていた裁判で、最高裁判所は旧経営陣側の上告を退けました。これにより、およそ65億円の支払いを命じた二審の東京高裁の判決が確定しました。

(🔊) 59 ② 旧アルト物産の株に投資していた個人投資家およそ2,800人と40社余りの企業は、粉飾決算で株が上場廃止になり、損失を受けたとして、元社長など旧経営陣に250億円余りの賠償を求める集団訴訟を起こしていました。二審の東京高裁の判決では、一審の東京地裁同様、「アルト物産が架空の売り上げ計上や有価証券報告書への虚偽の記載などによって業績を偽っていたことに対する旧経営陣の責任は明らかである」として、元社長など旧経営陣におよそ65億円の賠償を命じていました。旧経営陣は二審の判決を不服として上告していましたが、最高裁が上告を受理しない決定をしたことにより、二審の判決が確定しました。

(🔊) 60 ③ 上場企業の粉飾決算事件の一因には、監査法人のずさんな監査体制があることから、金融庁は企業監査の信頼性を高める目的で、上場企業を担当する監査法人に対し、登録制の法制化を検討するとしています。

(上の内容は創作したもので、実在の人物・団体とは関係ありません。)

コラム　～経済事件によく出てくる用語～

- **粉飾決算**　企業の資産や収益をよく見せるために、嘘の数字を使った決算。「利益の水増し」という言い方で出てくる場合もある。
- **上場⇔上場廃止**
  取引所で、ある銘柄の株式、債券などを取引対象 {とすること／から外すこと}。
- **集団訴訟**　訴える人が多い場合、集団で裁判所に訴えること。
- **有価証券報告書**
  投資家への情報提供を目的として、上場会社などが国に提出しなければならない事業報告書。
- **虚偽の記載**　嘘の数字や説明を書いて報告すること。
- **賠償**　「損害賠償」という言い方で出てくる場合もある。他人に与えた損害を埋め合わせること。

第2章
政治・行政

政治・行政 1

1. 全体を理解する ― チャレンジしてみよう! ―

構成に注意しながらパート①〜③ 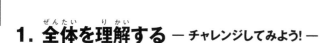 **61** 〜 **63** を聞いて、キーワードだと思う言葉をいくつか書き出しなさい。

2. ポイントをつかむ ―「〜が／〜は」と、それに続く動詞の部分に注意しよう! ―

パート① **61** をもう一度聞いて、その内容について答えなさい。

a. 以下を埋めなさい。（○には「が」か「は」を入れなさい。）

近年、_____ ○

_____。

b. ニュースの要点について、主語と述部を意識してまとめなさい。

3. 詳細を理解する

パート② **62** をもう一度聞いて、その内容について答えなさい。

a. パート①の「ごみ処理施設の火災」は、パート②で何と言い換えているか。

b. 発火の主な原因は何か。

c．発火はどのようにして起きるか。

d．自治体が受けた被害の程度について、どのような例が挙げられているか。

4. 展開をつかむ

パート③ 🔊63 をもう一度聞いて、その内容について答えなさい。

a．以下を埋めなさい。

_____に向けて、_____
_____など様々な取り組みを行っていますが、リチウム
イオン電池を含む製品は_____予想されるため、
_____も含めた_____。

b．パート①、②の内容とどんな関係があるか。正しい番号を選びなさい。

1. ①、②についての追加情報と市民のコメント
2. ①、②についての追加情報と放送局のコメント
3. ①、②についての追加情報と自治体のコメント

5. 発音を確認する

🔊61 ～ 🔊63 の後に続いて、同じように言いなさい。

6. 構成、内容、意味を確認する

スクリプトを声に出して読みなさい。

～解答と聞き取りのポイント～

1. 省略

2. a. スクリプト（🔊**61** ①）参照
   b. ごみ処理施設の火災が自治体を悩ませている。
      ◆「AがBを悩ませている」
         ニュースでは、「問題AのせいでBが困っている」という意味で使われることが多い。
         AとBを取り違えないように気をつけよう。

3. a. 施設内での発火事故
      ◆パート①の言葉をパート②で同じような意味の言葉に言い換えている例
         「ごみ処理施設の火災」→「施設内での発火事故」
   b. リチウムイオン電池
   c. リチウムイオン電池が、ごみを細かく粉砕する工程で押し潰され、ショートし、発火する。
   d. ごみ処理施設の復旧に半年、修繕費に数億円かかった。

4. a. スクリプト（🔊**63** ③）参照
   b. 2

ごみ処理場で火災相次ぐ

61 ① 近年、全国各地で多発しているごみ処理施設の火災が自治体を悩ませています。

62 ② 全国には1,000を超える自治体のごみ処理施設がありますが、ここ数年、施設内での発火事故が相次いでいます。発火の原因の多くは、モバイルバッテリーや加熱式タバコ、スマートフォン、電動歯ブラシなどに内蔵されているリチウムイオン電池です。分別されずに施設に運ばれてきたリチウムイオン電池が、ごみを細かく粉砕する工程で押し潰され、ショートし、発火する事例が多く見られます。火災による施設の被害は深刻で、復旧に半年、修繕費に数億円かかったという自治体もあります。

63 ③ 発火防止に向けて、全国の自治体では市民への啓発活動や使用済み小型家電の回収強化など様々な取り組みを行っていますが、リチウムイオン電池を含む製品は今後も増えることが予想されるため、小型家電リサイクル法の見直しも含めた政府の対策が急務です。

政治・行政 2

1. 全体を理解する ― チャレンジしてみよう! ―

構成に注意しながらパート①～③ 🔊 **64**～🔊 **66** を聞いて、キーワードだと思う言葉をいくつか書き出しなさい。

2. ポイントをつかむ ―「～が／～は」と、それに続く動詞の部分に注意しよう! ―

パート① 🔊 **64** をもう一度聞いて、その内容について答えなさい。

a. 以下を埋めなさい。（○には「が」か「は」を入れなさい。）

人材不足に悩む_____

ビジネスパーソンに呼びかける「_____」_____ ○、

今_____。

b. ニュースの要点について、主語と述部を意識してまとめなさい。

3. 詳細を理解する

パート② 🔊 **65** をもう一度聞いて、その内容について答えなさい。

a. 鳥取県で問題になっていることは何か。

b. aの問題を解決するための取り組みについて、（　　　　）に適切な言葉を入れなさい。

（　　　　　　）の人材に向けて（　　　　　　）の形で（　　　　　）
から鳥取県と関わってもらう（　　　　　　）を増やすためのプロジェクトを立ち上げた。

c．プロジェクトについて、以下の表を埋めなさい。

対象 （たいしょう）	
役割 （やくわり）	
働き方 （はたら）	
月額報酬 （げつがくほうしゅう）	
仕事内容 （ないよう）	

4. 展開をつかむ

パート③ ◁))66 をもう一度聞いて、その内容について答えなさい。

a．以下を埋めなさい。

＿＿＿＿＿＿＿＿＿＿＿＿＿＿＿＿＿＿、「全国展開・海外展開（ぜんこくてんかい　かいがいてんかい）を目指（めざ）すカニ専門（せんもん）

店の＿＿＿＿＿＿＿＿＿＿＿＿＿＿＿＿」や「老舗企業（しにせきぎょう）の和文化伝承（わぶんかでんしょう）のため（てん）

の＿＿＿＿＿＿＿＿＿＿＿＿＿＿＿＿＿＿＿＿＿＿」などがあります。

＿＿＿＿＿＿＿＿＿＿＿＿＿＿＿＿＿＿＿＿＿＿＿＿＿＿＿＿＿＿。

b．パート①、②の内容（ないよう）とどんな関係（かんけい）があるか。正しい番号（ばんごう）を選（えら）びなさい。

1．①、②についての追加情報（ついかじょうほう）と県（けん）のコメント
2．①、②についての追加情報（ついかじょうほう）と放送局（ほうそうきょく）のコメント
3．①、②についての県民（けんみん）の意見（いけん）

5. 発音を確認する

◁))64 〜 ◁))66 の後に続いて、同じように言いなさい。

6. 構成、内容、意味を確認する

スクリプトを声に出して読みなさい。

～解答と聞き取りのポイント～

1. 省略

2. a．スクリプト（🔊64①）参照

    b．鳥取県の「週1副社長」の取り組みが注目を集めている。
◆「［政府／自治体］が［人］に呼びかける～」
「［政府／自治体］{が／は}［人］に～{を／よう（と）}呼びかける」
政府や自治体が国民や市民などに対し、参加や協力を求める時に使われる。「～」が参加や協力の内容を表し、ニュースの重要なポイントになるので注意しよう。似た表現として「働きかける」もよく使われる。▶ 政治・行政⑧ ◆「［政府／自治体］{が／は}～{よう／ことを}促す」参照

3. a．地元企業が深刻な人材不足のため、地域産業を維持し、発展させていくことが難しいこと。

    b．都市部
副業や兼業
週1回
関係人口

◆「［名詞］のために～」「［名詞］のための＋［名詞］」
「［名詞］の目的で～をする」「［名詞］という目的の［名詞］」という意味。「ために」「ための」の後に続く部分に集中しよう。

    c．

対象	都市部のビジネスパーソン
役割	週1回の副社長
働き方	リモートワーク
月額報酬	3～5万円程度
仕事内容	経営戦略立案、経営課題解決

◆「（これは）～［動詞意向形］というものである」
これから「～」したいという目的や意図があると説明したい時などに使われる。ニュースでは前の文を受けて、その目的は「～」であると伝えたい時によく使われる。

4. a．スクリプト（🔊66③）参照

    b．1

鳥取県で週1副社長を募集

64 ① 人材不足に悩む鳥取県が全国の都市部で活躍するビジネスパーソンに呼びかける「週1副社長」の取り組みが、今注目を集めています。

65 ② 人口が全国47都道府県で最も少ない鳥取県では、地元企業の人材不足が深刻で、地域産業の維持、発展をいかに図っていくかが大きな問題になっています。長年にわたり移住支援の施策を進めてはいるものの、近年は他県との競争が激しくなり、人口減少は食い止められません。そこで、県では、居住人口は増えなくても、都市部の人材に副業・兼業の形で週1回から鳥取県と関わってもらう「関係人口」を増やそうというプロジェクトを立ち上げました。地元企業の経営戦略立案や経営課題解決のために、都市部で働くビジネスパーソンに週1回「副社長」としてリモートワークで副業してもらおうというものです。県によると、報酬は月3万～5万円程度ですが、応募者は年々増加し、昨年度は3千人を超え、124社で220人が採用されたということです。

66 ③ 今年度の副社長募集案件には、「全国展開・海外展開を目指すカニ専門店の営業戦略・企画立案」や「老舗企業の和文化伝承のためのECサイト強化・SNSマーケティング支援」などがあります。県では、今後も地元企業に積極的な募集を働きかけていくとしています。

政治・行政 3

1. 全体を理解する — チャレンジしてみよう！ —

構成に注意しながらパート①〜③ 🔊67 〜 🔊69 を聞いて、キーワードだと思う言葉をいくつか書き出しなさい。

2. ポイントをつかむ — 「〜が／〜は」と、それに続く動詞の部分に注意しよう！ —

パート① 🔊67 をもう一度聞いて、その内容について答えなさい。

a. 以下を埋めなさい。（○には「が」か「は」を入れなさい。）

日本企業の99%を占める中小企業で＿＿＿＿＿＿＿＿＿＿＿＿＿＿＿＿
中、官民一体となって＿＿＿＿＿＿＿＿＿＿＿＿＿＿＿＿＿＿＿＿＿＿＿
○＿＿＿＿＿＿＿＿＿＿＿＿＿。

b. ニュースの要点について、主語と述部を意識してまとめなさい。

3. 詳細を理解する

パート② 🔊68 をもう一度聞いて、その内容について答えなさい。

a. 近年、中小企業で問題になっていることは何か。

b．aの問題を解決するために政府が設置したものは何か。

c．bで行っている具体的な支援は何か。（　　　　）に適切な言葉を入れなさい。

・（①　　　　　　　）相談
・（②　　　　　　　）企業や（③　　　　　　　　　　）の紹介
・（④　　　　　　　　　　　　　）のサポート

4. 展開をつかむ

パート③ 🔊69 をもう一度聞いて、その内容について答えなさい。

a．以下を埋めなさい。

＿＿＿＿＿＿＿＿＿＿＿＿＿＿＿、老舗の会社を若い経営者が引き継ぎ、従業員の雇用と社名が守られたという＿＿＿＿＿＿＿＿＿＿、こうした取り組みの拡大は＿＿＿＿＿＿＿＿＿＿＿＿＿＿＿＿＿＿＿＿。

b．パート①、②の内容とどんな関係があるか。正しい番号を選びなさい。

1．①、②についての成約企業のコメント
2．①、②についての放送局のコメント
3．①、②についての政府のコメント

5. 発音を確認する

🔊67 〜 🔊69 の後に続いて、同じように言いなさい。

6. 構成、内容、意味を確認する

スクリプトを声に出して読みなさい。

〜解答と聞き取りのポイント〜

1. 省略

2. a．スクリプト（🔊**67** ①）参照

b．中小企業の事業承継への様々な取り組みが進められている。

3. a．経営者の高齢化に伴い、後継者不足から黒字経営にもかかわらず廃業する企業が増加していること。

◆「AにもかかわらずB」

「A（な）のにBする」という意味の硬い言い方で、ニュースではAが分かれば、後に続くBの内容が難しくても、Aとは逆接の関係を表す内容だと推測できる。

b．事業承継・引継ぎ支援センター

◆「A{は／が}Bと連携して〜」

ニュースでは、行政、企業などが協力し合って「〜する」と言いたい時によく使われる。

c．①無料
②譲受
③後継者人材
④成約に向けた手続き

4. a．スクリプト（🔊**69** ③）参照

b．2

スクリプト

官民一体、中小企業の事業承継

🔊 **67** ① 日本企業の99%を占める中小企業で後継者不足が深刻化する中、官民一体となって中小企業の事業承継への様々な取り組みが進められています。

🔊 **68** ② 中小企業は地域の経済や雇用に大きな役割を果たしていますが、近年、経営者の高齢化に伴い、後継者不足から黒字経営にもかかわらず廃業に追い込まれる企業が増加しています。日本経済にとって、円滑な事業承継は待ったなしの課題です。そこで、政府は全国の各都道府県に「事業承継・引継ぎ支援センター」を設置し、地元金融機関や協力企業と連携して、後継者不足に悩む中小企業の経営者に対し、様々な支援を行っています。無料相談や譲受企業・後継者人材の紹介、成約に向けた手続きのサポートといった、高齢の経営者が活用しやすい仕組みとなっています。

🔊 **69** ③ 成約企業の中には、老舗の会社を若い経営者が引き継ぎ、従業員の雇用と社名が守られたという成功例もあり、こうした取り組みの拡大は日本経済の新たな活力になるかもしれません。

第2章

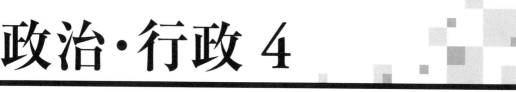

政治・行政 4

1. 全体を理解する ― チャレンジしてみよう！ ―

構成に注意しながらパート①〜③ 🔊 **70** 〜 🔊 **72** を聞いて、キーワードだと思う言葉をいくつか書き出しなさい。

2. ポイントをつかむ ―「〜が／〜は」と、それに続く動詞の部分に注意しよう！ ―

パート① 🔊 **70** をもう一度聞いて、その内容について答えなさい。

a. 以下を埋めなさい。（○には「が」か「は」を入れなさい。）

＿＿＿＿＿＿＿＿ ○ 今日の成長戦略会議で、関係省庁と連携して策定した「＿＿＿＿＿＿＿＿＿＿＿＿＿＿＿＿＿＿＿＿＿＿＿＿」＿＿＿＿＿＿＿＿＿＿。

b. ニュースの要点について、主語と述部を意識してまとめなさい。

3. 詳細を理解する

パート② 🔊 **71** をもう一度聞いて、その内容について答えなさい。

a. パート①の「カーボンニュートラル」は、パート②で具体的に何と言っているか。（　　　）に適切な言葉を入れなさい。

（　　　　　　　　　）の排出を全体として（　　　　　　　　　）こと。

b．昨年10月、政府は何を宣言したか。

c．今回のグリーン成長戦略にはどんなことが書かれているか。（　　　）に適切な言葉を入れなさい。

・（①　　　　　　　　）が期待できる（②　　　　　　　　　　　）に（③　　　　　　　）を設定。

・（④　　　　　　　　　）と（⑤　　　　　　　　　　　）を明記。

4. 展開をつかむ

パート③ 🔊72 をもう一度聞いて、その内容について答えなさい。

a．以下を埋めなさい。

＿＿＿＿＿＿、温暖化への対応は＿＿＿＿＿＿＿＿＿＿＿＿＿＿＿
とし、＿＿＿＿＿を着実に実施し、「＿＿＿＿＿＿好循環」＿＿＿＿＿

＿＿＿＿＿＿＿＿＿＿。

b．パート①、②の内容とどんな関係があるか。正しい番号を選びなさい。

1. ①、②についての政府コメント
2. ①、②についての放送局のコメント
3. ①、②についての国民のコメント

5. 発音を確認する

🔊70 〜 🔊72 の後に続いて、同じように言いなさい。

6. 構成、内容、意味を確認する

スクリプトを声に出して読みなさい。

～解答と聞き取りのポイント～

1. 省略

2. a. スクリプト（🔊 **70** ①）参照
   b. 経済産業省が「2050年カーボンニュートラルに伴うグリーン成長戦略」を報告した。

3. a. 温室効果ガス

   ゼロにする

   ◆パート①の言葉をパート②で詳しく言い換えている例

   「カーボンニュートラル」→「温室効果ガスの排出を全体としてゼロにすること」

   b. 2050年までにカーボンニュートラルの実現を目指すこと。
   c. ①成長
   ②14分野の産業ごと
   ③高い目標
   ④現状の課題
   ⑤今後の取り組み

   ◆「AごとにBする」

   「どのAにもみんなBということを行う」と言いたい時などに使われる。
   　例. 年度ごとにデータが示されている。

4. a. スクリプト（🔊 **72** ③）参照
   b. 1
   ◆「A{は／を}Bと捉える」

   「Aの特徴や本質はBであると理解する」という意味。ニュースでは「AはBであると考える」と言いたい時などに使われる。

カーボンニュートラルに向けてのグリーン成長戦略

🔊70 ① 経済産業省は今日の成長戦略会議で、関係省庁と連携して策定した「2050年カーボンニュートラルに伴うグリーン成長戦略」を報告しました。

🔊71 ② この戦略は、昨年10月、政府が2050年までにカーボンニュートラルの実現を目指すと宣言したことを受け、策定した産業政策です。カーボンニュートラルとは、温室効果ガスの排出を全体としてゼロにすることですが、これを実現するには、従来のビジネスモデルを根本的に変えていくことが企業に求められます。今回のグリーン成長戦略では、企業が挑戦しやすい環境を作るために、次世代熱エネルギー産業や半導体・情報通信産業、食料・農林水産業など成長が期待できる14分野の産業ごとに高い目標を掲げた上で、現状の課題と今後の取り組みを明記しています。

🔊72 ③ 同省では、温暖化への対応は経済成長の機会と捉えるべきであるとし、この戦略を着実に実施し、「経済と環境の好循環」につなげたいとしています。

政治・行政 5

1. 全体を理解する ― チャレンジしてみよう！ ―

構成に注意しながらパート①〜③ 🔊73 〜 🔊75 を聞いて、キーワードだと思う言葉をいくつか書き出しなさい。

2. ポイントをつかむ ―「〜が／〜は」と、それに続く動詞の部分に注意しよう！ ―

パート① 🔊73 をもう一度聞いて、その内容について答えなさい。

a．以下を埋めなさい。（○には「が」か「は」を入れなさい。）

＿＿＿＿＿＿ ○ 今日、2008年に東京・秋葉原で7人が殺害され、10人が重軽傷を負った＿＿＿＿＿＿＿＿＿＿＿＿＿確定していた＿＿＿＿＿＿＿＿＿＿＿＿＿＿＿＿東京拘置所で＿＿＿＿＿＿＿＿＿＿＿＿＿＿＿＿＿。

b．ニュースの要点について、主語と述部を意識してまとめなさい。

3. 詳細を理解する

パート② 🔊74 をもう一度聞いて、その内容について答えなさい。

a．パート①の「無差別殺傷事件」は、パート②で具体的に何と言っているか。（　　　）に適切な言葉や数字を入れなさい。

（　　　　）年、（　　　　　　　）だった男が（　　　　　　　　　　）に（　　　　　　　）で突っ込み、通行人を（　　　　　　　）。その後、通行人を（　　　　　　　　　　　　）事件。

b. 裁判の判決について、(　　　　)に適切な言葉を入れなさい。

一審（東京地方裁判所）：（① 　　　　　）
二審（東京高等裁判所）：（② 　　　　　）
三審（最高裁判所）　　：（③ 　　　　　）を退け、（④ 　　　　　）が確定。

4. 展開をつかむ

パート③ ◁))75 をもう一度聞いて、その内容について答えなさい。

a. 以下を埋めなさい。

_____で、現内閣では_____。今回の
執行により、_____
ということです。

b. パート①、②の内容とどんな関係があるか。正しい番号を選びなさい。

1. ①、②についての追加情報
2. ①、②についての被害者の話
3. ①、②についての裁判所の話

5. 発音を確認する

◁))73 ～ ◁))75 の後に続いて、同じように言いなさい。

6. 構成、内容、意味を確認する

スクリプトを声に出して読みなさい。

～解答と聞き取りのポイント～

1. 省略

2. a. スクリプト（🔊**73**①）参照

b. 法務省が今日、2008年の秋葉原の無差別殺傷事件で死刑が確定していた男の刑を執行したと発表した。

◆「男／女」
犯罪ニュースでは、犯罪を犯した人を初めに紹介する時、その呼び方を、「男の人」「女の人」「男性」「女性」などとしない。また、「さん」などの敬称もつけずに表す。「[名字]＋容疑者」の形で伝える言い方もある。

◆「刑を執行する」
裁判所が出した処分の内容を実行すること。死刑は法務大臣の命令により執行される。

3. a. 2008　　派遣社員　　秋葉原の繁華街

トラック　　はねた　　ナイフで刺した

b. ①死刑　②死刑　③上告　④死刑

◆「[弁護側／検察側]｛は／が｝、～として[上告／控訴]した」
「～」には「上告／控訴」するために理由としたことがくる。[弁護側／検察側]の後に続く部分に注意しよう。

◆「[名詞]＋時」
「[名詞]の時」という意味で、「調査時」「発足時」のほかに、「開始時」「発表時」などの形で、ニュースではよく使われる。[名詞]の部分は「時」がつくことによってアクセントが変わるものもあるので聞き取りにくい。「[名詞]時」の形で音声とともに覚えることが大切である。

◆「酌量の余地」
ここでいう「酌量」とは「情状酌量」のことで、裁判で裁判官が判決に際し同情できる事情があるとして刑を軽くすること。「（情状）酌量の余地がある」は刑を軽くできる事情があるという意味。反対の言葉は「（情状）酌量の余地がない」。

4. a. スクリプト（🔊**75**③）参照

b. 1

秋葉原無差別殺傷事件、死刑執行

🔊**73** ① 法務省は今日、2008年に東京・秋葉原で7人が殺害され、10人が重軽傷を負った無差別殺傷事件で死刑が確定していた元・派遣社員の男の刑を東京拘置所で執行したと発表しました。

🔊**74** ② 確定判決によると、派遣社員だった男は2008年東京・秋葉原の繁華街にトラックで突っ込み、通行人をはねた後、トラックから降りて通行人をナイフで次々と刺し、7人を殺害、10人に重軽傷を負わせたということです。裁判では、一審、二審とも死刑が言い渡されましたが、弁護側は「犯行時は心神耗弱か心神喪失状態だった」として上告。2015年に最高裁判所は、犯行の動機に酌量の余地は見いだせないとして、上告を退ける判決を言い渡し、死刑が確定していました。

🔊**75** ③ 死刑の執行は昨年12月以来で、現内閣では2回目です。今回の執行により、全国の拘置所に収容されている死刑囚は106人となったということです。

政治・行政 6

1. 全体を理解する ― チャレンジしてみよう! ―

構成に注意しながらパート①〜③ 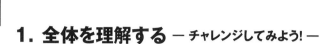 76 〜 78 を聞いて、キーワードだと思う言葉をいくつか書き出しなさい。

2. ポイントをつかむ ― 「〜が／〜は」と、それに続く動詞の部分に注意しよう! ―

パート① 76 をもう一度聞いて、その内容について答えなさい。

a. 以下を埋めなさい。（○には「が」か「は」を入れなさい。）

_____ を検討している

_____ ○ 、19日、離婚後も父親と母親の双方が

親権者となる「_____」を選択できる案を_____

_____。

b. ニュースの要点について、主語と述部を意識してまとめなさい。

3. 詳細を理解する

パート② 77 をもう一度聞いて、その内容について答えなさい。

a. 現在の日本の法律では離婚後の親権をどのように定めているか。

b. aの問題点は何か。2つ挙げなさい。

c. 法務省が行った調査の結果について、（　　　）に適切な言葉や数字を入れなさい。

　　海外（　　）か国のうち、（　　　　　　）を導入している国は（　　）か国、
　　（　　　　　　）のみを導入している国は（　　　　　　）と（　　　　　　）。

d. 共同親権の問題点は何か。

e. a〜dを踏まえ、法務省が出した案は何か。正しい番号をすべて選びなさい。
　　1. 共同親権のみを導入する案
　　2. 単独親権を維持する案
　　3. 共同親権と単独親権のどちらかを選べる案

4. 展開をつかむ

パート③ 🔊78 をもう一度聞いて、その内容について答えなさい。

a. 以下を埋めなさい。

　　_____今後、パブリックコメントで意見を募った上で、早ければ_____

　　_____。

b. パート①、②の内容とどんな関係があるか。正しい番号を選びなさい。

　　1. ①、②についての父親と母親のコメント
　　2. ①、②についての放送局のコメント
　　3. ①、②についての政府のコメント

5. 発音を確認する

🔊76 〜 🔊78 の後に続いて、同じように言いなさい。

6. 構成、内容、意味を確認する

スクリプトを声に出して読みなさい。

～解答と聞き取りのポイント～

1. 省略

2. a. スクリプト（🔊**76** ①）参照

b. 法務省の法制審議会が、離婚後も「共同親権」を選択できる案を中間試案に盛り込む方針であると発表した。

◆「AをBに盛り込む」

ニュースでは、「法律案や予算案、政策(＝B)の中に、あるアイデアや項目(＝A)を取り入れる」という意味で使われる。AとBを取り違えないようにしよう。

3. a. 父親か母親のいずれかだけが親権者になれる。

◆「～法では、…ことを定めている」

「～」の法律で「…」が決められているという意味。「～法では」の後には法律の具体的な内容が続くので注意して聞こう。

◆「AかBのいずれか」

「AとBのどちらか」と言いたい時に使われる硬い表現。よく似た音に「いずれは」があるが、これは近い将来のいつか、という意味である。聞き間違えないように注意しよう。

b. 親権がある親とない親の間で争いが生じること。
養育費の不払いの問題。

c. 24　共同親権　22　単独親権　インド　トルコ

d. 配偶者からのDVや虐待から逃れることができなくなってしまうおそれがあること。

◆「～おそれがある」

「～というよくないことが起きる可能性がある」という意味で、ニュースでは取り上げたことについての懸念や注意を伝えたい時に使われる。「～」が分からなくても、「マイナスの可能性」についてのことだと理解しておこう。

e. 2、3

◆「～。そのため…」

「～という理由で…という結果になった」と言いたい時に使われる。「そのため」が出てきたら、後に続く「…」の部分に集中しよう。

4. a. スクリプト（🔊**78** ③）参照

b. 3

離婚後の共同親権、中間試案に盛り込む方針

🔊 **76** ① 離婚後の子どもの養育をめぐる法制度の見直しを検討している法務省の法制審議会は、19日、離婚後も父親と母親の双方が親権者となる「共同親権」を選択できる案を中間試案に盛り込む方針であると発表しました。

🔊 **77** ② 現在の民法では、離婚後は父親か母親のいずれかだけが親権者となることを定めています。そのため親権がない親との間で争いが生じる原因となっています。また、養育費の不払いの問題も深刻です。同省がアメリカなどG20を含む海外24か国を対象に行った調査によると、22か国が「共同親権」を導入しており、父母の一方を親権者と定める「単独親権」のみを採用しているのはインドとトルコの2か国だけということです。こうした海外の状況を受け、日本でも離婚後も両親が子育てに関われるようにすべきだとして共同親権を求める声が出ていました。一方で、「共同親権」では、配偶者からのDVや虐待から逃れることができなくなってしまうおそれがあるとして、単独親権の維持を求める声もありました。そのため、同省では「共同親権」か「単独親権」のどちらかを選べる案と、これまで通り「単独親権」を維持する案を併記することにしました。

🔊 **78** ③ 同省は今後、パブリックコメントで意見を募った上で、早ければ来年の通常国会に制度見直しに必要な法案を提出したいとしています。

（2022年7月現在の状況に基づく）

政治・行政 7

1. 全体を理解する — チャレンジしてみよう! —

構成に注意しながらパート①〜③ 🔊79 〜 🔊81 を聞いて、キーワードだと思う言葉をいくつか書き出しなさい。

2. ポイントをつかむ — 「〜が／〜は」と、それに続く動詞の部分に注意しよう! —

パート① 🔊79 をもう一度聞いて、その内容について答えなさい。

a. 以下を埋めなさい。(○には「が」か「は」を入れなさい。)

4月19日、＿＿＿＿＿＿＿＿＿＿ ○ 衆 議院本会議で＿＿＿＿、＿＿＿＿＿＿＿

＿＿＿＿。これにより、特定の 条件の下、車 両 に運転者がいない＿＿＿＿＿＿

＿＿＿＿＿＿されます。また、条件を満たす＿＿＿＿＿＿＿＿＿＿＿＿＿＿＿＿＿

＿＿＿＿＿＿＿＿＿＿＿＿＿ようになります。

b. ニュースの要点について、主語と 述 部を意識してまとめなさい。

3. 詳細を理解する

パート② 🔊80 をもう一度聞いて、その内容について答えなさい。

a. パート①に出てくる「改正道路交通法」「特定の 条件の下」は、パート②でそれぞれ何と言い換えているか。(　　　)に適切な言葉を入れなさい。

改正道路交通法＝(　　　　　　　　)
特定の 条件の下＝特定の (　　　　　　　　)

b. レベル4の自動運転をするには、どんな手続きが必要か。（　　）に適切な言葉を入れなさい。

（　　　　　　　）の公安委員会に（　　　　　　　）等を（　　　　）し、
（　　　　　　　　　　）こと。

c. 電動キックボードの現状のルールと2年後の新たなルールについて、
｛　　｝から適切な言葉を選び、（　　　）には適切な言葉を入れなさい。

現状：
免許は ｛① 必要・不要 ｝。ヘルメットは ｛② 必要・努力義務 ｝。
新たなルール：
（③　　）歳以上を対象に最高速度が（④　　　　　　　　　）で、大きさ
など指定された条件に合えば、免許は ｛⑤ 必要・不要 ｝。また、最
高速度が時速6km以下に制御された状態であれば、｛⑥ 公道・歩道 ｝
を通行可能。ヘルメットは ｛⑦ 必要・努力義務 ｝。

4. 展開をつかむ

パート③ ◁))81 をもう一度聞いて、その内容について答えなさい。

a. 以下を埋めなさい。

今回の＿＿＿＿＿＿＿＿＿＿＿＿＿＿＿＿、＿＿＿＿＿＿＿＿＿＿に役立つ可
能性があることや、＿＿＿＿＿＿＿＿との期待がある一方で、事故が増える
のではといった＿＿＿＿＿＿＿＿＿＿＿＿＿＿＿＿＿＿。

b. パート①、②の内容とどんな関係があるか考えなさい。

5. 発音を確認する

◁))79 ～ ◁))81 の後に続いて、同じように言いなさい。

6. 構成、内容、意味を確認する

スクリプトを声に出して読みなさい。

～解答と聞き取りのポイント～

1. 省略

2. a. スクリプト（🔊**79**①）参照
b. 改正道路交通法が成立し、自動運転が解禁され、電動キックボードが免許不要で利用できるようになる。
◆「{法律／法案}が可決、成立した」
新しい法律ができたということをニュースで伝える時に、よく使われる表現。

3. a. 改正法　条件下
◆パート①の言葉をパート②で短く言い換えている例
「改正道路交通法」→「改正法」
◆パート①の言葉をパート②で同じ意味の言葉に言い換えている例
「条件の下」→「条件下」
◆「[名詞]＋の下」＝「[名詞]＋下」
[名詞]の影響の及ぶところという意味。監視下、管理下、体制下などのように使う。
「[名詞]＋下」は「か」の音が聞き取りにくいので注意しよう。
◆「～づける」
「ある事柄が他の事柄とどのような関係にあるか決める」という意味で使われる。
ニュースでは、「位置づける」「紐づける」「関連づける」などがよく出てくる。元は「つける」だが「～づける」の形で音声とともに覚えておこう。
　例．政府は少子化対策を最重要課題と位置づけている。
　　　警察は2つの事件を関連づけて捜査している。
▶ 経済・金融⑤ ◆「～{よう(に)／ことを}義務づける」参照
b. 都道府県　運行計画　提出　許可を得る
c. ①必要　②必要　③16　④時速20km以下　⑤不要　⑥歩道　⑦努力義務
◆「規制緩和」
自由競争と市場開放を目的に、法的な制限や、役所が持っている許認可の事項を減らすこと。反対の意味を表す言葉に「規制強化」がある。
◆「～に弾みがつく」
「～の勢いが強くなったり、活発になったりする」と言いたい時に使われる。ニュースでは「～活動に弾みがつく」「～の動きに弾みがつく」「{上昇／拡大}に弾みがつく」などの形でよく出てくる。

4. a. スクリプト（🔊**81**③）参照
b. ニュースを聞いた人たちの反応

道路交通法改正で、自動運転が解禁、電動キックボードも免許不要に

79 ① 4月19日、改正道路交通法が衆議院本会議で可決、成立しました。これにより、特定の条件の下、車両に運転者がいない自動運転が解禁されます。また、条件を満たす電動キックボードが免許不要で利用できるようになります。

80 ② 改正法では、特定の条件下で運転を完全自動化する「レベル4」の自動運転を許可制で解禁します。車に運転する人がいない自動運転を新たに「特定自動運行」と位置づけ、特定自動運行をする場合は、都道府県の公安委員会に運行計画等を提出し、許可を得ることとしました。電動キックボードは、最高速度が時速20km以下で、大きさなど指定された条件に合えば、16歳以上を対象に免許不要で運転できるようになります。ヘルメットの着用は努力義務となりました。また、最高速度が時速6km以下に制御された状態であれば、歩道を通行できます。現状、電動キックボードが公道を走るには、免許やヘルメットが必要ですが、規制緩和が進むことで、今後普及に弾みがつくと見られます。

81 ③ 今回の改正法の成立に対しては、人手不足の解消に役立つ可能性があることや、利便性が増すとの期待がある一方で、事故が増えるのではといった安全面を心配する声も上がっています。

政治・行政 8

1. 全体を理解する — チャレンジしてみよう! —

構成に注意しながらパート①〜③ 🔊82 〜 🔊84 を聞いて、キーワードだと思う言葉をいくつか書き出しなさい。

2. ポイントをつかむ —「〜が／〜は」と、それに続く動詞の部分に注意しよう! —

パート① 🔊82 をもう一度聞いて、その内容について答えなさい。

a. 以下を埋めなさい。（○には「が」か「は」を入れなさい。）

選挙で＿＿＿＿＿＿＿＿＿＿＿＿＿＿＿＿＿＿＿にするよう政党などに
促す「政治分野における男女共同参画推進法」が＿＿＿＿＿初めての
＿＿＿＿＿＿＿10月31日に＿＿＿＿＿＿＿が、＿＿＿＿＿＿○
17.7%と、＿＿＿＿＿＿＿＿＿＿＿＿＿＿＿＿。

b. ニュースの要点について、主語と述部を意識してまとめなさい。

3. 詳細を理解する

パート② 🔊83 をもう一度聞いて、その内容について答えなさい。

a.「政治分野における男女共同参画推進法」の別の名前は何か。

b．「政治分野における男女共同参画推進法」が定められた理由は何か。正しい番号を選びなさい。

　　1．選挙で男性と女性の当選者の数を均等にし、多様な国民の意見が政策に反映されるようにするため。
　　2．男女が別々に政策を立案し、多様な国民の意見が政策に反映されるようにするため。
　　3．選挙の候補者数を男女均等にすることで、多様な国民の意見が政策に反映されるようにするため。

c．「政治分野における男女共同参画推進法」について、（　　　　）に適切な言葉を入れなさい。

　　この法律が施行されて（　　　　）が経ったが、（　　　　　　　　　　）
　　ともに（　　　　　　　　）数の目立った（　　　　　　　　　　　　）。

4. 展開をつかむ

パート③ ◁))84 をもう一度聞いて、その内容について答えなさい。

a．以下を埋めなさい。

　　＿＿＿＿＿＿「第5次男女共同参画基本計画」で、衆議院選挙、参議院選挙
　　の＿＿＿＿＿＿＿＿の比率を＿＿＿＿＿＿＿＿ことを＿＿＿＿としています
　　が、＿＿＿＿＿＿＿＿＿＿＿＿＿＿＿＿＿＿＿＿＿＿＿＿＿＿。

b．パート①、②の内容とどんな関係があるか考えなさい。

5. 発音を確認する

◁))82 ～ ◁))84 の後に続いて、同じように言いなさい。

6. 構成、内容、意味を確認する

スクリプトを声に出して読みなさい。

～解答と聞き取りのポイント～

1. 省略

2. a. スクリプト（🔊**82** ①）参照
  b. 選挙における女性の候補者が17.7%と、低いレベルにとどまっている。
    ◆「［政府／自治体］{が／は}～{よう／ことを} 促す」
    ニュースでは、政府や自治体が国民や市民、企業、団体などに対し「［国民／市民／企業／団体］が～するようにいろいろな施策を進める」と言いたい時に使われる。似た表現として「呼びかける」「働きかける」などもよく使われる。▶ 政治・行政2 ◆「［政府／自治体］が［人］に呼びかける～」参照
    ◆前置きを表す「～{ます／ました}が…」「～{です／でした}が…」
    ニュースでは「～」の部分が「…」の前置きとして使われることがある。この文で重要な主語は「…」の中に出てくる「女性の候補者」で、「衆議院選挙」ではない。前置きの中に出てくる「が」のつく名詞を、文の重要な主語と勘違いしないように注意しよう。
    ◆「～にとどまる」
    「進んでいた状態が止まる」という意味で、「期待していたレベルより低いレベルや数字だった」と言いたい時によく使われる。「～」が聞き取れなくても、期待外れの結果だということが分かる。▶ 経済・金融18 ◆「［数字］＋に過ぎない」参照

3. a. 候補者男女均等法
    ◆「～に至っては…」
    「～という極端なレベルでは、さらに…という状態や結果になる」という意味を表す。「に至っては」の後には、その前の文の結果よりも「さらに良い」または「さらに悪い」という意味の文がくるので、見当をつけて聞こう。

  b. 3
  c. 3年
    国会、地方議会
    女性候補者
    増加は見られない
    ◆「～［か国／人］中、…位」
    「～の中での順位は…である」と言いたい時に使われる。順位が重要なので、「～中」と聞こえたら、その後に集中して聞こう。また、「～か国」は国の数を示すが、聞き取りにくいので注意しよう。

4. a. スクリプト（🔊**84** ③）参照
  b. ①、②についての政府と放送局のコメント

衆議院選の女性候補者、17.7%にとどまる

82 ① 選挙で候補者の男女の数をできる限り均等にするよう政党などに促す「政治分野における男女共同参画推進法」が成立して初めての衆議院選挙が10月31日に行われましたが、女性の候補者は17.7%と、低いレベルにとどまっています。

83 ② 10月31日に行われた衆議院選挙では、女性候補者は17.7%で、当選者に至ってはわずか9.7%という状況でした。「政治分野における男女共同参画推進法」は「候補者男女均等法」とも呼ばれ、政策の立案や決定に男女が共同して参画する機会が確保されることが、多様な国民の意見が反映されるために一層重要であるとして定められたものです。「候補者男女均等法」が施行されて3年が経ちましたが、国会、地方議会ともに女性候補者数の目立った増加は見られません。世界各国の議員たちで作るIPU、列国議会同盟が今年9月に発表した調査結果によると、昨年の各国の議会における女性議員の割合は25.7%となっており、日本の女性議員の数の少なさが分かります。順位を見ても、193か国中、165位と下位に位置しています。

84 ③ 政府は「第5次男女共同参画基本計画」で、衆議院選挙、参議院選挙の女性候補者の比率を35%にすることを目指すとしていますが、目標達成には更なる取り組みが必要だと言えそうです。

第2章

政治・行政 9

1. 全体を理解する — チャレンジしてみよう！ —

構成に注意しながらパート①〜③ 🔊 **85** 〜 🔊 **87** を聞いて、キーワードだと思う言葉をいくつか書き出しなさい。

2. ポイントをつかむ —「〜が／〜は」と、それに続く動詞の部分に注意しよう！ —

パート① 🔊 **85** をもう一度聞いて、その内容について答えなさい。

a．以下を埋めなさい。（○には「が」か「は」を入れなさい。）

人口減少に伴い、全国で増え続けている空き家の活用について関心が高まる中、＿＿＿＿＿＿＿＿ ○ ＿＿＿＿＿＿＿＿ として、＿＿＿＿＿＿＿

＿＿＿＿＿＿＿＿＿「メルカリ Shops」で、まだ使える＿＿＿＿＿＿＿＿＿

＿＿＿＿＿＿＿＿＿＿＿＿＿＿＿＿＿。

b．ニュースの要点について、主語と述部を意識してまとめなさい。

3. 詳細を理解する

パート② 🔊 **86** をもう一度聞いて、その内容について答えなさい。

a．パート①に出てくる「フリーマーケットアプリ」は、パート②で何と言い換えているか。

b．南部町の空き家活用支援について、（　　　　　）に適切な言葉を入れなさい。

これまでの活動：
NPO団体と連携して空き家の（①　　　　　）や家財の（②
　　　　　）の（③　　　　　）、空き家の（④　　　　　）などを行い、
多くの（⑤　　　　　）を受け入れてきた。
活動の中で出てきた課題：
家財の片づけ費用が（⑥　　　　　）、（⑦
　　　　　）物があること。
課題解決策：
（⑧　　　　　）で空き家の家財などを
（⑨　　　　　）し、まだ使える物の（⑩　　　　　）ことにした。

c．フリマアプリでの売上金はどうするか。2つ挙げなさい。

4. 展開をつかむ

パート③ 🔊87 をもう一度聞いて、その内容について答えなさい。

a．以下を埋めなさい。

総務省の調査によると、全国の空き家はおよそ849万戸に上り、住宅全体の13.6%を占めるということです。＿＿＿＿＿＿＿＿の新たな＿＿＿＿＿＿
＿＿＿＿＿＿＿＿＿＿＿＿＿＿＿＿＿＿。

b．パート①、②の内容とどんな関係があるか考えなさい。

5. 発音を確認する

🔊85 ～ 🔊87 の後に続いて、同じように言いなさい。

6. 構成、内容、意味を確認する

スクリプトを声に出して読みなさい。

～解答と聞き取りのポイント～

1. 省略

2. a. スクリプト（🔊85 ①）参照
   b. 鳥取県南部町が空き家対策支援として、「メルカリShops」で空き家の家財などの販売をスタートした。

3. a. フリマアプリ
   ◆パート①の言葉をパート②で短く言い換えている例
   　　「フリーマーケットアプリ」→「フリマアプリ」
   b. ①改修　②片づけ費用　③助成　④サブリース　⑤移住者
   　⑥十分ではない　⑦捨ててしまうにはもったいない
   　⑧フリマアプリの「メルカリShops」　⑨販売　⑩再利用を進める
   ◆「助成」
   　政府や自治体が、事業者や個人などが行っている取り組みを支援するためにお金を支給すること。そのお金を「助成金」という。「補助金」もニュースではよく出てくる。
   ◆「サブリース」
   　不動産のニュースに出てくる言葉で、不動産会社などが不動産の持ち主（オーナー）から物件を借りて、別の事業者や個人に貸し出すことを言う。
   ◆「A。その中で、Bが出た」
   　「Aという状況で、Bという課題、問題、解決策などが出てきた」と言いたい時に使われる。Bの部分に注意して聞こう。
   c. 空き家対策事業の財源とする。
   　この事業に携わった地域の人々に報酬として還元する。
   ◆「～に携わる＋[人]」
   　「～という仕事にかかわる[人]」という意味。「～」が聞き取れなくても、[人]が何らかの仕事や役割をしていると想像しながら聞こう。
   ◆「～に還元する」
   　「元の～のところに返す」という意味。「利益を株主に還元する」「学んだことを社会に還元していく」などのように使う。
   ◆「～は初の試みである」
   　「～は初めてやってみることである」という意味で、ニュースでは「～」の新しさを強調したい時に使われる。つまり、「～」の部分がニュースの重要なポイントになることを覚えておこう。

4. a. スクリプト（🔊87 ③）参照
   b. ①、②についての追加情報と放送局のコメント

空き家対策で、鳥取県南部町がフリマアプリの「メルカリ」と連携

85 ① 人口減少に伴い、全国で増え続けている空き家の活用について関心が高まる中、鳥取県南部町が空き家対策支援として、フリーマーケットアプリ「メルカリShops」でまだ使える空き家の家財などの販売をスタートしました。

86 ② 21日、フリマアプリ「メルカリShops」の中に「南部町 空き家リサイクルショップ」がオープンしました。南部町ではこれまで空き家の活用を進めるために、NPO団体と連携して空き家の改修や家財の片づけ費用の助成、空き家のサブリースなど、積極的な対策を行い、多くの移住者を受け入れてきました。その中で「家財の片づけ費用が十分ではない」「捨ててしまうにはもったいない物がある」などといった課題も出ていました。そこで「メルカリShops」で空き家の家財などを販売し、まだ使える物の再利用を進めることにしました。売上金を空き家対策事業の財源とし、この事業に携わった地域の人々にも報酬として還元することで、地域経済の活性化にもつなげることを目指します。メルカリグループが自治体と連携して空き家対策に取り組むのは、初の試みだということです。

87 ③ 総務省の調査によると、全国の空き家はおよそ849万戸に上り、住宅全体の13.6%を占めるということです。官民連携の新たな空き家活用の取り組みが注目されます。

政治・行政 10

1. 全体を理解する ― チャレンジしてみよう! ―

構成に注意しながらパート①〜③ ◁)) **88** 〜 ◁)) **90** を聞いて、キーワードだと思う言葉をいくつか書き出しなさい。

2. ポイントをつかむ ―「〜が／〜は」と、それに続く動詞の部分に注意しよう! ―

パート① ◁)) **88** をもう一度聞いて、その内容について答えなさい。

a. 以下を埋めなさい。(○には「が」か「は」を入れなさい。)

＿＿＿＿＿ ○、今年度の夏と冬の＿＿＿＿＿＿＿＿＿＿＿＿＿ことを踏まえ、会合を開き「＿＿＿＿＿＿＿＿＿＿＿＿＿」＿＿＿

＿＿＿＿＿。

b. ニュースの要点について、主語と述部を意識してまとめなさい。

3. 詳細を理解する

パート② ◁)) **89** をもう一度聞いて、その内容について答えなさい。

a. 今年度の電力需給が非常に厳しい見通しとなっているのはなぜか。2つ挙げなさい。

b. 総合対策の内容について、(　　　　)に適切な言葉や数字を入れなさい。

・(①　　　　) 年に1度の (②　　　　　　　　) を想定し、(③　　　　) 年ぶりに家庭や企業に対し、(④　　　　　　　　) を (⑤　　　　　　　　)。

・電力会社に対しては、休止中の（⑥　　　　　　　）の（⑦　　　　　　　　　）や（⑧　　　　　　　　　　　　　　　）など、燃料の追加（⑨　　　　　　　）を促す。

・（⑩　　　　　　　　　　　　　）の稼働や安全性が確保された（⑪　　　　　　　　　　）を最大限（⑫　　　　　　　　　）。

・「電力需給ひっ迫警報」に加えて、今回、新たに（⑬　　　　　　　　　　　）を設ける。

c. 「電力需給ひっ迫注意報」はどのような時に発令されるものか。正しい番号を選びなさい。

1. 電力供給の余裕を表す予備率が3％を下回る時に出される。
2. 電力供給の余裕を表す予備率が5％を下回る時に出される。
3. 電力需要が非常に高い時、使用制限を行うために出される。

4. 展開をつかむ

パート③ ◁))90 をもう一度聞いて、その内容について答えなさい。

a. 以下を埋めなさい。

＿＿＿＿＿＿、いかなる事態においても、国民生活や経済活動に支障がないよう、＿＿＿＿＿＿＿＿＿＿＿＿＿＿＿＿＿＿＿。

b. パート①、②の内容とどんな関係があるか考えなさい。

5. 発音を確認する

◁))88 ～ ◁))90 の後に続いて、同じように言いなさい。

6. 構成、内容、意味を確認する

スクリプトを声に出して読みなさい。

～解答と聞き取りのポイント～

1. 省略

2. a．スクリプト（🔊**88**①）参照
   b．政府が「電力需給に関する総合対策」を決定した。
   ◆「～を踏まえ(て)…」「～を踏まえた＋[名詞]」
   「～のことを考え、判断して…する」「～のことを考え、判断した[名詞]」という意味。
   政治のニュースでは、「現状を踏まえ、対策を立てる」「大規模災害を踏まえた避難計画」などのように使われる。

3. a．近年の脱炭素社会を目指す流れの中で、火力発電所の休止や廃止が増加しているため。
   原子力発電所の再稼働が進まない状況にあるため。
   b．①10　②猛暑　③7　④節電　⑤要請する　⑥火力発電所　⑦再稼働
   ⑧LNG、液化天然ガス　⑨調達　⑩再生可能エネルギー　⑪原子力発電
   ⑫活用する　⑬「電力需給ひっ迫注意報」
   ◆「ひっ迫」
   「余裕のない状態」という意味。ニュースでは、「医療のひっ迫」「情勢のひっ迫」などのように余裕がなく非常に危険な状態であると伝えたい時などに使われる。
   ◆「～が懸念{される／されている}」
   ニュースでは、「～」について広く一般に心配されていることを表す。誰が心配しているかを強く言いたい時は、「…は～を懸念している」の形になる。「～」の部分が分からなくても、それがマイナスの状況にあることが分かる。
   c．2

4. a．スクリプト（🔊**90**③）参照
   b．①、②についての政府のコメント

電力ひっ迫で政府が対応策

88 ① 政府は、今年度の夏と冬の電力需給が厳しい状況にあることを踏まえ、会合を開き「電力需給に関する総合対策」を決定しました。

89 ② 近年の脱炭素社会を目指す流れの中で、火力発電所の休止や廃止が増加していることや、原子力発電所の再稼働が進まない状況などにより、今年度の電力の需給が非常に厳しい見通しとなっていることから、会合が開かれました。対策では、10年に1度の猛暑を想定した電力需給のひっ迫に備え、7年ぶりに家庭や企業に対し節電を要請します。電力会社に対しては、休止中の火力発電所の再稼働やLNG、液化天然ガスなど、燃料の追加調達を促します。さらに再生可能エネルギーの稼働や安全性が確保された原子力発電を最大限活用することなどを盛り込みました。また、電力供給の余裕を示す予備率が3%を下回る場合に発令される「電力需給ひっ迫警報」に加えて、今回、新たに「電力需給ひっ迫注意報」を設けることとしました。注意報は予備率が5%を下回る見込みとなった場合に発表されます。今年の冬はここ10年で電力需給が最も厳しい見通しとなっており、夏以上に電力需給がひっ迫することが懸念されます。法律に基づいた使用制限令の発令などについても触れ、今後円滑な実施方法の検討を行うとしています。

90 ③ 政府は、いかなる事態においても、国民生活や経済活動に支障がないよう、電力需給の安定に万全を期すとしています。

政治・行政 11

1. 全体を理解する — チャレンジしてみよう！ —

構成に注意しながらパート①〜③ 🔊91 〜 🔊93 を聞いて、キーワードだと思う言葉をいくつか書き出しなさい。

2. ポイントをつかむ — 「〜が／〜は」と、それに続く動詞の部分に注意しよう！ —

パート① 🔊91 をもう一度聞いて、その内容について答えなさい。

a. 以下を埋めなさい。（○には「が」か「は」を入れなさい。）

今日22日、参議院本会議で＿＿＿＿＿＿＿＿＿＿＿＿ ○ 可決、賛成多数で

＿＿＿＿＿＿＿＿＿。

b. ニュースの要点について、主語と述部を意識してまとめなさい。

3. 詳細を理解する

パート② 🔊92 をもう一度聞いて、その内容について答えなさい。

a. 新年度予算について、（　　　）に適切な言葉や数字を入れなさい。

新年度予算の一般会計総額は、（　　　　　）5,964億円で（　　）年連続

（　　　　　　）となった。

b. 新年度予算の概要について、正しい番号を選びなさい。

1. 社会保障関係費は歳出の3割以上になる。
2. 歳出全体の70％以上を占めているのは、「地方交付税交付金など」である。
3. 歳入については、厳しい経済状況のため税収が不足しており、新規の国債をおよそ37兆円発行することになった。

c. 新年度予算の歳出を表した図はどれか。正しい番号を選びなさい。

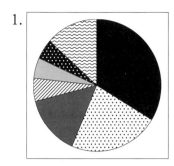

1.
2.

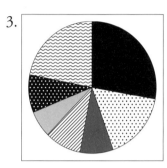

3.

■ : 社会保障関係費
□ : 国債費
▦ : 地方交付税交付金など
▨ : 公共事業
▥ : 文教及び科学振興費
▦ : 防衛費
〰 : その他

4. 展開をつかむ

パート③ 🔊93 をもう一度聞いて、その内容について答えなさい。

a. 以下を埋めなさい。

　　3月22日の予算成立は戦後4番目の早さだということです。予算成立後の記者会見で＿＿＿＿＿＿、「直ちにこの過去最大の当初予算の＿＿＿＿＿＿＿＿＿＿

＿＿＿＿＿＿、＿＿＿＿＿＿＿＿＿＿＿＿＿＿＿＿＿＿＿」＿＿＿＿＿＿＿。

b. パート①、②の内容とどんな関係があるか考えなさい。

5. 発音を確認する

🔊91 〜 🔊93 の後に続いて、同じように言いなさい。

6. 構成、内容、意味を確認する

スクリプトを声に出して読みなさい。

～解答と聞き取りのポイント～

1. 省略

2. a. スクリプト（🔊91 ①）参照
   b. 国の新年度予算が成立した。

3. a. 107兆

   10

   過去最大

   ◆「歳入と歳出」
   「歳入」は会計年度における国や地方自治体などの収入のこと。「歳出」は会計年度における国や地方自治体などの支出のこと。

   b. 1
   ◆「A{は／を}Bに充てる」
   予算のニュースでは「AをBの目的に使う」という意味でよく使われる。
   ◆「A。続いてB」
   前の文Aの続きについて述べたい時に使われる。このニュースではAが順番についての文なので、Bの部分は次の順番(4番目)のことだと予想して聞くとよい。
   ◆「～頼み」
   ニュースでは「～に依存している」「～がないと困る状態である」という意味を表す。「石炭頼みから脱却すべきだ」「最後は神頼みだ」などのように使われる。音声では「～だのみ」になるので、注意しよう。

   c. 1

4. a. スクリプト（🔊93 ③）参照
   b. ①、②についての追加情報と総理のコメント

新年度予算、成立

91 ① 今日22日、参議院本会議で国の新年度予算が可決、賛成多数で成立しました。

92 ② 新年度予算は、一般会計総額が107兆5,964億円で、10年連続過去最大となりました。予算の概要ですが、歳出で一番大きい項目は「社会保障関係費」の36兆2,735億円です。前年比1.2%増で、初めて36兆円を超えました。次に大きいのが、「国債費」の24兆3,393億円です。「国債費」は国の借金である国債の償還や利払いに充てるもので、前年比2.4%の増加となりました。3番目が「地方交付税交付金など」の15兆8,825億円で、この3つの項目で歳出全体の7割以上を占めます。続いて「公共事業」の6兆575億円、「文教及び科学振興費」の5兆3,901億円、「防衛費」の5兆3,687億円となっています。昨今の緊迫化する国際情勢を踏まえて「防衛費」は過去最高となりました。一方、歳入ですが、税収は、企業の業績が回復傾向にあり法人税収などが増えるとみて、前年比13.6%増の65兆2,350億円と過去最高を見込んでいます。しかし、税収の不足分などを補うための新規の国債発行は、36兆9,260億円と、財政の借金頼みは続いています。

93 ③ 3月22日の予算成立は戦後4番目の早さだということです。予算成立後の記者会見で総理は、「直ちにこの過去最大の当初予算の早期執行に取り組み、日本経済の再生につなげていきたい」と述べました。

第2章

政治・行政 12

1. 全体を理解する — チャレンジしてみよう！ —

構成に注意しながらパート①〜③ 🔊94 〜 🔊96 を聞いて、キーワードだと思う
言葉をいくつか書き出しなさい。

2. ポイントをつかむ — 「〜が／〜は」と、それに続く動詞の部分に注意しよう！ —

パート① 🔊94 をもう一度聞いて、その内容について答えなさい。

a．以下を埋めなさい。（○には「が」か「は」を入れなさい。）

_____ ○、金融行政において重点的に取り組むべき課題と方針を
まとめた「_____」_____。新たな成長につなげる
ために_____を行い、_____
を進めます。

b．ニュースの要点について、主語と述部を意識してまとめなさい。

3. 詳細を理解する

パート② 🔊95 をもう一度聞いて、その内容について答えなさい。

a．「金融行政方針」の施策について、（　　　　）に適切な言葉を入れなさい。

（　　　　）から（　　　　　）へのシフトを進め、社会課題の解決を
（　　　　　）へつなげるとともに、成長の果実が（　　　　　　　）
される（　　　　　）を実現するための整備を行う。

b．aを実現するための整備の内容として、（　　　　）に適切な言葉を入れなさい。

・NISA、少額投資非課税制度の（①　　　　　　　　）を目指す。
・国民の（②　　　　　　　）を対象に（③　　　　　　　　　　）のための
　体制づくりに取り組む。
・金融事業者には（④　　　　　　　　　）の適切な（⑤　　　　　　　）を
　確保するよう促す。

4. 展開をつかむ

パート③ 🔊96 をもう一度聞いて、その内容について答えなさい。

a．以下を埋めなさい。

現在、日本の＿＿＿＿＿＿＿のおよそ2,000兆円のうち、現金と預金の
割合は5割を超えていますが、＿＿＿＿＿＿＿＿＿＿＿＿＿＿＿＿＿
＿＿＿＿＿＿＿。今後、施策が進めば、この預金として保有されている資産
が投資に向かい、株式や投資信託などの割合が上がっていくと思われます。
しかしながら、＿＿＿＿＿＿＿＿＿＿＿＿＿＿＿＿であり、ニーズやライフプ
ランにあった商品やサービスを適切に選択するためにも金融知識は欠かせ
ません。＿＿＿＿＿＿＿＿＿＿＿＿＿＿＿＿＿＿、＿＿＿＿＿＿＿＿＿＿
＿＿＿＿＿＿＿＿＿＿＿＿＿＿＿＿＿＿＿＿＿＿＿＿＿＿＿＿。

b．パート①、②の内容とどんな関係があるか考えなさい。

5. 発音を確認する

🔊94 ～ 🔊96 の後に続いて、同じように言いなさい。

6. 構成、内容、意味を確認する

スクリプトを声に出して読みなさい。

〜解答と聞き取りのポイント〜

1. 省略

2. a. スクリプト（🔊94 ①）参照
   b. 金融庁が「金融行政方針」を公表した。

3. a. 貯蓄
   投資
   新たな成長
   国民に還元
   好循環
   b. ①抜本的な拡充
   ②全世代
   ③金融リテラシー向上
   ④顧客本位
   ⑤営業姿勢
   ◆「抜本的な＋[名詞]」「抜本的に〜」
   「制度や仕組みなどを根本から変える[名詞]」「制度や仕組みなどを根本から〜」という意味で、「抜本的な対策」「抜本的に見直す」などのように使われる。制度や仕組みを大きく変えるというイメージで聞こう。

4. a. スクリプト（🔊96 ③）参照
   b. ①、②についての追加情報と放送局のコメント
   ◆「AにBはつきものである」
   「AとBは強いつながりがあり一緒についてくるもの」という意味。ニュースでは、AとBは切り離せないと強調したい時などに使われる。「起業にリスクはつきもの」「設計に変更はつきもの」などのように使われる。
   ◆「〜{が／は}欠かせない」
   ニュースでは、放送局が「〜は絶対に必要である」とコメントの形で視聴者に強調する時などに使われる。

貯蓄から投資へ、金融庁が「金融行政方針」を公表

94 ① 金融庁は、金融行政において重点的に取り組むべき課題と方針をまとめた「金融行政方針」を公表しました。新たな成長につなげるために金融面での環境整備を行い、貯蓄から投資へのシフトを進めます。

95 ② 今回公表された「金融行政方針」では、貯蓄から投資へのシフトを進め、社会課題の解決を新たな成長へとつなげるとともに、成長の果実が国民に還元される好循環を実現するための整備を行うことを施策の1つとしています。そのため、国民の安定的な資産形成を促進することなどを挙げ、NISA、少額投資非課税制度の抜本的な拡充を目指すとしています。一方で、国民の全世代を対象に金融リテラシー向上のための体制づくりに取り組み、金融事業者には金融商品の販売、助言、運用などを行う際に、顧客本位の適切な営業姿勢を確保するよう促します。

96 ③ 現在、日本の家計の金融資産のおよそ2,000兆円のうち、現金と預金の割合は5割を超えていますが、株式や投資信託の割合は2割ほどしかありません。今後、施策が進めば、この預金として保有されている資産が投資に向かい、株式や投資信託などの割合が上がっていくと思われます。しかしながら、投資にはリスクがつきものであり、ニーズやライフプランにあった商品やサービスを適切に選択するためにも金融知識は欠かせません。貯蓄から投資への流れを進めるには、金融リテラシー向上に向けた取り組みが何より重要だと言えそうです。

第3章
社会・生活

社会・生活 1

1. 全体を理解する — チャレンジしてみよう! —

構成に注意しながらパート①〜③ ◁))**97**〜◁))**99** を聞いて、キーワードだと思う言葉をいくつか書き出しなさい。

2. ポイントをつかむ —「〜が／〜は」と、それに続く動詞の部分に注意しよう! —

パート① ◁))**97** をもう一度聞いて、その内容について答えなさい。

a. 以下を埋めなさい。（○には「が」か「は」を入れなさい。）

年の瀬も押し迫った26日、今年の＿＿＿＿＿＿＿＿＿＿＿＿＿＿＿＿＿＿
「スポGOMI甲子園2021」の＿＿＿＿＿＿＿ ○ ＿＿＿＿＿＿＿＿＿＿。
＿＿＿＿＿＿＿＿＿＿＿＿、愛媛県の＿＿＿＿＿＿＿＿＿＿＿＿＿＿。

b. ニュースの要点について、主語と述部を意識してまとめなさい。

3. 詳細を理解する

パート② ◁))**98** をもう一度聞いて、その内容について答えなさい。

a. パート①の「スポGOMI甲子園」は、パート②で具体的に何と言っているか。
（　　　）に適切な言葉を入れなさい。

（　　　　　）に（　　　　　　　　　）を（　　　　　　　）として
考えてもらうために、日本財団が、「海と日本プロジェクト・CHANGE
FOR THE BLUE」の一環として、（　　　　　）と（　　　　）を融合
させて作った大会。

b．決勝大会について（　　　　）に適切な言葉や数字を入れなさい。

　　・今年で（①　　　　）回目
　　・参加チーム数（②　　　　）
　　・1チーム＝（③　　　　）人（④　　　　）組
　　・制限時間（⑤　　　　）分でエリア内のごみを拾い、その（⑥　　　　）と（⑦　　　　）
　　　でポイントを競う。

c．優勝チームの勝因は何か。

4. 展開をつかむ

パート③ ◁))99 をもう一度聞いて、その内容について答えなさい。

a．以下を埋めなさい。

＿＿＿＿＿＿＿＿＿＿＿＿＿＿＿＿、スポGOMI甲子園＿＿＿＿＿＿＿＿＿＿＿＿
＿＿＿＿＿海洋プラスチック問題をはじめ、海洋汚染＿＿＿＿＿＿＿＿＿＿＿＿＿＿
＿＿＿＿＿＿＿＿＿＿＿＿＿＿＿＿＿＿＿。

b．パート①、②の内容とどんな関係があるか。正しい番号を選びなさい。

　　1．①、②についての追加情報
　　2．①、②についての放送局のコメント
　　3．①、②についての主催者のコメント

5. 発音を確認する

◁))97 ～ ◁))99 の後に続いて、同じように言いなさい。

6. 構成、内容、意味を確認する

スクリプトを声に出して読みなさい。

～解答と聞き取りのポイント～

1. 省略

2. a．スクリプト（🔊 **97** ①）参照

b．高校生ごみ拾い日本一を決める「スポGOMI甲子園2021」の決勝大会が開かれ、愛媛県の代表チームが優勝した。

3. a．高校生

町や海のごみ問題

自分のこと

ごみ拾い

スポーツ

b．①3

②31

③3

④1

⑤60

⑥質

⑦量

◆「AにBを加えたC」

「AとBを合わせたものがCである」という意味。AにBを追加し、最終的な形がCとなる。Cが一番重要なので、最後に集中しよう。

◆「[数]人1組」

[　]に入る人数で作られたグループという意味。参加者などを複数のグループに分ける時に使われる。「1組」の読み方は「いちくみ」ではなく、「ひとくみ」になるので音声と一緒に覚えよう。

◆「Aを手に（して）～」

「Aを手に持って～」という意味。

c．自動販売機の横などに不法投棄されているビンや缶や裏路地のタバコなどを中心に集めたこと。

4. a．スクリプト（🔊 **99** ③）参照

b．3

「スポGOMI甲子園2021」ごみ拾い日本一決まる

🔊 **97** ① 年の瀬も押し迫った26日、今年の高校生ごみ拾い日本一を決める「スポGOMI甲子園2021」の決勝大会が隅田川エリアで開かれました。優勝したのは、愛媛県の代表チームでした。

🔊 **98** ② 「スポGOMI甲子園」とは、高校生に町や海のごみ問題を自分のこととして考えてもらおうと、日本財団が「海と日本プロジェクト・CHANGE FOR THE BLUE」の一環として、ごみ拾いとスポーツを融合させて作った大会のことです。3回目を迎えた今年は昨年と比べて参加チームが大幅に増え、地方大会を勝ち抜いた30の道府県の代表チームに昨年のリモート部門の優勝チームを加えた31チームで行われました。競技は3人1組のチームが専用トングと分別用ごみ袋を手に60分の制限時間の中で指定されたエリアにあるごみを拾い、その質と量でポイントを競い合いました。優勝したのは愛媛県代表のチーム「BIG WESTベーカリー」。優勝インタビューでは、自動販売機の横などに不法投棄されているビンや缶、裏路地にあるタバコなどを中心に集めたことが勝利の要因かと思うと話していました。

🔊 **99** ③ 主催者の日本財団は、スポGOMI甲子園を通じて若い人たちが海洋プラスチック問題をはじめ、海洋汚染の問題に関心を持つようになるとよいと話しています。

第3章

社会・生活 2

1. 全体を理解する ― チャレンジしてみよう! ―

構成に注意しながらパート①〜③ 🔊 **100** 〜 🔊 **102** を聞いて、キーワードだと思う言葉をいくつか書き出しなさい。

2. ポイントをつかむ ―「〜が／〜は」と、それに続く動詞の部分に注意しよう! ―

パート① 🔊 **100** をもう一度聞いて、その内容について答えなさい。

a. 以下を埋めなさい。（○には「が」か「は」を入れなさい。）

夏の田んぼを彩る「＿＿＿＿＿＿＿＿」 ○ 全国各地で＿＿＿＿＿＿＿＿

＿＿＿＿＿＿。

b. ニュースの要点について、主語と述部を意識してまとめなさい。

3. 詳細を理解する

パート② 🔊 **101** をもう一度聞いて、その内容について答えなさい。

a. パート①の「田んぼアート」はパート②で具体的に何と言っているか。

b. 青森と埼玉の「田んぼアート」ついて、（　　　）に適切な言葉や数字を入れなさい。

　　・青森県田舎館村の田んぼアートは、（①　　　　　　　　　　　　　　　）
　　　として（②　　　）年に始まった。緻密さと（③　　　　　　　　　　）で
　　　注目されるようになり、今では年間およそ（④　　　）人が村を訪れる。
　　・埼玉県行田市の田んぼアートは2.8ヘクタールの大きさで、（⑤
　　　　　　　　　）された「（⑥　　　）の田んぼアート」である。

4. 展開をつかむ

パート③ 🔊102 をもう一度聞いて、その内容について答えなさい。

a. 以下を埋めなさい。

　　田んぼアートの＿＿＿＿＿＿＿＿＿＿＿＿＿ですが、＿＿＿＿＿＿
　　＿＿＿＿＿＿＿＿＿＿＿＿。

b. パート①、②の内容とどんな関係があるか。正しい番号を選びなさい。

　　1. ①、②についての放送局の予想
　　2. ①、②についての追加情報
　　3. ①、②についての観光客のコメント

5. 発音を確認する

🔊100 ～ 🔊102 の後に続いて、同じように言いなさい。

6. 構成、内容、意味を確認する

スクリプトを声に出して読みなさい。

～解答と聞き取りのポイント～

1. 省略

2. a．スクリプト（🔊**100** ①）参照
   b．田んぼアートが全国各地で見頃を迎えている。
   　　◆「A {が／は}［場所］で見頃を迎えている」
   　　「Aが一番きれいに見える時期となった」という意味。ニュースでは、「{桜、梅などの花／紅葉}が見頃を迎えている」などのように季節の話題を取り上げる時によく使われる。

3. a．米を作る田んぼに、色合いの違う数種類の稲を植えて巨大な絵や文字を描く。
   　　◆パート①の言葉をパート②で詳しく言い換えている例
   　　「田んぼアート」→「米を作る田んぼに、色合いの違う数種類の稲を植えて巨大な絵や文字を描く」
   b．①地域活性化の取り組み
   　　②1993
   　　③芸術性の高さ
   　　④30万
   　　⑤ギネス記録に認定
   　　⑥世界最大
   　　◆「A {は／が} Bとコラボ（レーション）する」
   　　ビジネスや芸術のニュースで「AがBと協力して新しい価値を持つ商品や作品を作る」と言いたい時によく使われる。

4. a．スクリプト（🔊**102** ③）参照
   b．2

スクリプト

田んぼアートが見頃

🔊 **100** ① 夏の田んぼを彩る「田んぼアート」が全国各地で見頃を迎えています。

🔊 **101** ② 米を作る田んぼに、色合いの違う数種類の稲を植えて巨大な絵や文字を描く「田んぼアート」。今年も見頃を迎え、全国各地の田んぼアートには多くの観光客が訪れています。田んぼアート発祥の地ともいわれている青森県田舎館村の今年の作品は、イタリアのレオナルド・ダ・ビンチの「モナリザ」など、7色10種の稲を使った見事なものです。地域活性化の取り組みとして1993年に始まった田舎館村の田んぼアートは、その緻密さと芸術性の高さで注目されるようになり、今では年間およそ30万人が村を訪れます。また、埼玉県行田市の田んぼアートは2.8ヘクタールの大きさで、ギネス記録にも認定された「世界最大の田んぼアート」です。今年は人気サッカーアニメとコラボレーションし、主要キャラクターの3人が描かれています。

🔊 **102** ③ 田んぼアートの見頃は7月中旬から8月中旬ですが、10月頃まで楽しめるということです。

第**3**章

社会・生活2

社会・生活 3

1. 全体を理解する — チャレンジしてみよう！ —

構成に注意しながらパート①～③ ◁)) **103**～◁)) **105** を聞いて、キーワードだと思う言葉をいくつか書き出しなさい。

2. ポイントをつかむ — 「～が／～は」と、それに続く動詞の部分に注意しよう！ —

パート① ◁)) **103** をもう一度聞いて、その内容について答えなさい。

a. 以下を埋めなさい。（○には「が」か「は」を入れなさい。）

文部科学省の＿＿＿＿＿＿＿＿、全国の＿＿＿＿＿＿学校、＿＿＿＿＿＿学校、＿＿＿＿＿＿学校などで必要な教師の数が確保できず、授業を始めた＿＿＿＿の時点で、合計＿＿＿＿以上＿＿＿＿＿＿＿＿＿＿＿＿○＿＿＿＿＿＿＿＿＿＿＿＿＿＿。

b. ニュースの要点について、主語と述部を意識してまとめなさい。

3. 詳細を理解する

パート② ◁)) **104** をもう一度聞いて、その内容について答えなさい。

a. 調査結果について、正しい番号を選びなさい。

1. 全国の公立学校で1年を通じて2,500人以上、教師が足りない状態だった。
2. 公立小学校の教師の不足数は全体の不足数の半分近くを占めていた。
3. 公立小学校、中学校、高等学校の教師は4月の時点で2,500人以上不足していた。

b. 教師不足の要因は何か。（　　　）に適切な言葉を入れなさい。

・1980年代に（①　　　　　　　　　）教師が次々と（②

　　　　　　　　）こと。

・（③　　　　　　）や（④　　　　　　）、（⑤　　　　　　）の取得者、特別支

援学級の数が（⑥　　　　　　　　　）こと。

・教師の仕事が（⑦　　　　　　　　）であるため、教師（⑧　　　　　　　　）が

（⑨　　　　　　）傾向にあること。

4. 展開をつかむ

パート③ 🔊105 をもう一度聞いて、その内容について答えなさい。

a. 以下を埋めなさい。

　教師不足のしわ寄せが子どもたちの学習に及ぶことが懸念されます。教育の質を担保するためにも_____

_____。

b. パート①、②の内容とどんな関係があるか。正しい番号を選びなさい。

1. ①、②についての教師の反応
2. ①、②についての親の声
3. ①、②についての放送局のコメント

5. 発音を確認する

🔊103 ～ 🔊105 の後に続いて、同じように言いなさい。

6. 構成、内容、意味を確認する

スクリプトを声に出して読みなさい。

～解答と聞き取りのポイント～

1. 省略

2. a．スクリプト（🔊**103** ①）参照
b．調査で、全国の公立 小 中高校などで、4月時点で2,500人以上、 教 師が不足していたことが明らかになった。
　◆「調査で～ことが{明らかになった／分かった／判明した}」
　ニュースでは、調査についてその結果を伝える時によく使われる。「調査で」と聞こえたら、後に続く「～」の部分に 集 中しよう。▶ 社会・生活7 ◆「調査で～が{浮かび上がってきた／浮き彫りになった}」参照

3. a．2
b．①大量に採用された　②定年を迎えている　③ 出 産 休 暇　④育児休暇
　⑤病気休暇　⑥増えている　⑦激務　⑧志望者　⑨減少
　◆「要因として～が挙げられる」
　ニュースでは「～」が要因であるとはっきり示したい時によく使われる。「要因として」の後に続く内容に注意して聞こう。
　◆「A{が／は}Bに拍車をかけている」
　「AがBの進む速度を更に早めている」という意味で、良いことにも悪いことにも使える。ニュースでは、問題となっているBについて取り上げ、AのせいでBがもっと進んでいると伝えたい時によく使われる。AとBを取り違えないように注意しよう。

4. a．スクリプト（🔊**105** ③）参照
b．3
　◆「しわ寄せが～に{及ぶ／くる}」
　ニュースでは、取り上げた問題によって「～に迷惑がかかる」「悪い影 響 が～にくる」と伝えたい時に使われる。「しわ寄せが」と聞こえたら、後ろに悪いことがくると理解しよう。

新学期の公立学校で教師不足

🔊 **103** ① 文部科学省の調査で、全国の公立小学校、中学校、高等学校などで必要な教師の数が確保できず、授業を始めた4月の時点で、合計2,500人以上教師が不足していたことが明らかになりました。

🔊 **104** ② 調査結果によれば、4月に授業を開始した時点で、小学校では1,218人、中学校では868人、高等学校では217人、特別支援学校で255人と、全国の公立学校で合わせて2,558人、教師が不足していたということです。教師不足の要因として、1980年代に大量に採用された教師が次々と定年を迎えていることに加え、出産休暇や育児休暇、病気休暇の取得者、特別支援学級の数が増えていることなどが挙げられます。また、激務などを理由に、教師志望者が減少傾向にあることも不足に拍車をかけています。教師不足を補う臨時教師は全体の1割を占めていますが、教師志望者の減少に伴い、臨時教師の採用も難しくなっています。

🔊 **105** ③ 教師不足のしわ寄せが子どもたちの学習に及ぶことが懸念されます。教育の質を担保するためにも教師の安定的な確保に向けた取り組みが急がれます。

第3章

社会・生活 4

1. 全体を理解する ― チャレンジしてみよう! ―

構成に注意しながらパート①～③ 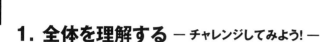106 ～ 108 を聞いて、キーワードだと思う言葉をいくつか書き出しなさい。

2. ポイントをつかむ ―「～が／～は」と、それに続く動詞の部分に注意しよう! ―

パート① 106 をもう一度聞いて、その内容について答えなさい。

a. 以下を埋めなさい。(○には「が」か「は」を入れなさい。)

アウトドアレジャー人気の高まりで＿＿＿＿＿＿＿＿＿＿＿＿＿＿＿、気軽に快適なキャンプが楽しめる＿＿＿＿＿＿＿＿ ○ ＿＿＿＿＿＿＿＿＿

＿＿＿＿＿＿＿。

b. ニュースの要点について、主語と述部を意識してまとめなさい。

3. 詳細を理解する

パート② 107 をもう一度聞いて、その内容について答えなさい。

a. パート①に出てくる「グランピング」はパート②で具体的に何と言っているか。

b. グランピングが注目を浴びるようになったのはなぜか。正しい番号を選びなさい。

1. 快適なキャンプをいつでも気軽に楽しむことができるため。
2. 狭い場所に人が集まり、接触することを避けるようになったため。
3. 魅力的で個性的なグランピング施設が次々に開業したため。

c．グランピングの最大の魅力は何か。2つ挙げなさい。

d．最近のグランピングにはどのような施設があるか。（　　　）に適切な言葉
　　を入れなさい。

　　　・プライベートプールや（①　　　　　　　）がある施設
　　　・雲海や（②　　　　　　　）が楽しめる施設
　　　・季節の（③　　　　　　　　）ができる施設
　　　・ペットのための（④　　　　　　　　　）がある施設

4. 展開をつかむ

パート③ 🔊108 をもう一度聞いて、その内容について答えなさい。

a．以下を埋めなさい。

　　　全国グランピング協会によりますと、グランピングの＿＿＿＿＿＿＿＿＿
　　　来年には＿＿＿＿＿＿＿＿＿に達する＿＿＿＿＿＿＿＿＿＿＿＿＿＿＿。

b．パート①、②の内容とどんな関係があるか。正しい番号を選びなさい。

　　　1. ①、②についての放送局のコメント
　　　2. ①、②についての業界関係団体の抱負
　　　3. ①、②についての業界関係団体の見通し

5. 発音を確認する

🔊106 〜 🔊108 の後に続いて、同じように言いなさい。

6. 構成、内容、意味を確認する

スクリプトを声に出して読みなさい。

～解答と聞き取りのポイント～

1. 省略

2. a．スクリプト（📢**106** ①）参照
b．グランピング施設が次々に開業している。

3. a．英語の「魅力的な」という意味の「グラマラス」と「キャンピング」からできた言葉。
◆パート①の言葉をパート②で詳しく言い換えている例
「グランピング」→「英語の「魅力的な」という意味の「グラマラス」と「キャンピング」からできた言葉」

b．2

c．テントを張ったり、火を起こしたりといった面倒なことから解放されること。
悪天候でもホテルのように快適な環境の中で手軽に自然を満喫できること。

d．①天然温泉
②星空
③野菜の収穫体験
④専用ドッグラン

4. a．スクリプト（📢**108** ③）参照
b．3
◆「～は、[数字]に達する見込みである」
「～」は[数字]という大きい数になることが予想されるという意味で、ニュースなどで、売り上げや、利益、市場規模の予想を述べる時によく使われる。

グランピング施設、次々開業

106 ① アウトドアレジャー人気の高まりでキャンプブームが続く中、気軽に快適なキャンプが楽しめるグランピング施設が次々に開業しています。

107 ② グランピングは、英語の「魅力的な」という意味の「グラマラス」と「キャンピング」からできた言葉です。グランピング施設はコロナ禍での3密回避から注目を浴び、昨年は150か所以上、今年はさらに200か所前後の開業が見込まれています。グランピング最大の魅力は、キャンプにつきもののテントを張ったり、火を起こしたりといった面倒なことから解放され、悪天候でもホテルのように快適な環境の中で手軽に自然を満喫できることです。宿泊施設もドーム型テント、ヴィラ、コテージなど様々なタイプがあり、最近ではキャンプやバーベキューが楽しめるだけではなく、プライベートプールや天然温泉付きの施設、雲海や星空が楽しめる施設、季節の野菜の収穫体験ができる施設、ペットのための専用ドッグランがある施設など、個性豊かな施設が登場しています。

108 ③ 全国グランピング協会によりますと、グランピングの市場規模は来年には1,000億円に達する見込みだということです。

社会・生活 5

1. 全体を理解する ― チャレンジしてみよう! ―

構成に注意しながらパート①〜③ 109 〜 111 を聞いて、キーワードだと思う言葉をいくつか書き出しなさい。

2. ポイントをつかむ ― 「〜が／〜は」と、それに続く動詞の部分に注意しよう! ―

パート① ◁》109 をもう一度聞いて、その内容について答えなさい。

a. 以下を埋めなさい。（○には「が」か「は」を入れなさい。）

＿＿＿＿＿＿＿＿＿＿＿○7月1日からおよそ3万人の従業員を対象に、

＿＿＿＿＿＿＿＿＿＿＿＿＿＿＿＿＿＿＿＿＿＿＿＿＿＿＿＿＿＿＿＿＿＿。

仕事を人生の一部と捉えるワークインライフの観点から、＿＿＿＿＿＿＿＿＿

＿＿＿＿＿＿＿＿＿＿＿＿＿＿＿＿＿＿＿＿。

b. ニュースの要点について、主語と述部を意識してまとめなさい。

3. 詳細を理解する

パート② ◁》110 をもう一度聞いて、その内容について答えなさい。

a. パート①の「新たな働き方の制度」は、パート②で具体的に何と言っているか。
（　　　）に適切な言葉を入れなさい。

住む場所は、（　　　）であれば（　　　　　　　）。
会社に行く時は（　　　）扱いとなり、（　　　）や（　　　）が支給される。

b. 制度の導入で拡大するのは何か。

4. 展開をつかむ

パート③ ◁)) 111 をもう一度聞いて、その内容について答えなさい。

a. 以下を埋めなさい。

同社では、オフィスは残しつつ、＿＿＿＿＿＿＿＿＿＿＿＿＿＿
＿＿＿＿＿＿＿＿が、従来の働き方の概念を覆す今回の新制度は、働き方
改革が叫ばれている＿＿＿＿＿＿＿＿＿＿＿＿＿＿＿＿＿＿＿＿＿＿＿。

b. パート①、②の内容とどんな関係があるか。正しい番号を選びなさい。

1. ①、②についての同社と政府のコメント
2. ①、②についての同社のコメント
3. ①、②についての同社と放送局のコメント

5. 発音を確認する

◁)) 109 ～ ◁)) 111 の後に続いて、同じように言いなさい。

6. 構成、内容、意味を確認する

スクリプトを声に出して読みなさい。

第3章

～解答と聞き取りのポイント～

1. 省略

2. a. スクリプト（🔊**109**①）参照
   b. NTTグループが自宅でのリモートワークを基本とする新たな働き方の制度を導入すると発表した。
      ◆「A{の／という}観点からB」
      Aという立場からBについて見たり考えたりするという意味。視点はAにあることに注意して聞こう。
      ◆「～度」
      「～」についての程度を述べたい時に使われる。ニュースでは、「認知度」「満足度」「幸福度」「緊急度」「信頼度」などがよく使われる。

3. a. 国内
      自由に選べる
      出張
      旅費
      手当
      ◆「Aに上限{は／を}設けずB」
      「Aについて上の限度を作らないでBする」という意味。ニュースでは、金額や時間などについて無制限であると言いたい時によく使われる。
   b. 転勤や単身赴任のない働き方

4. a. スクリプト（🔊**111**③）参照
   b. 3
      ◆「～が叫ばれている」
      ニュースでは、放送局が世論を代表して「～」が必要だと強く伝えたい時によく使われる。
      ◆「A{は／が} Bに一石を投じる」
      水面に石を投げると周りに波紋が広がる様子に例えて、「あることの影響が周りに広がるように、問題を投げかける」ことを表す。ニュースでは「Aというやり方や考え方は、Bに従来のやり方や考え方についてあらためて考えさせるきっかけになる」と伝えたい時に使われる。

NTT、新たなリモートワーク導入

🔊 **109** ① NTTグループは7月1日からおよそ3万人の従業員を対象に、自宅でのリモートワークを基本とする新たな働き方の制度を導入すると発表しました。仕事を人生の一部と捉えるワークインライフの観点から、社員の働き方の自由度を高めていくとしています。

🔊 **110** ② 同社はこれまでもリモートワークを推進してきましたが、今回の発表は日本全国どこからでもリモートワークで働くことを可能とする制度「リモートスタンダード」を新たに導入するというものです。現行の規定では、住む場所について「会社への通勤時間は2時間以内」という制限がありますが、新ルールでは国内であれば自由に選べるようになります。会社に行くのは「出社」ではなく「出張」扱いになり、旅費や手当が支給されます。旅費に上限は設けず、飛行機で会社に行くことも可能となるほか、宿泊が必要な場合は会社が費用を負担するということです。これにより、転勤や単身赴任のない働き方を拡大するとしています。

🔊 **111** ③ 同社では、オフィスは残しつつ、リモートワークと出社とのハイブリッドで運用するとしていますが、従来の働き方の概念を覆す今回の新制度は、働き方改革が叫ばれている日本の社会に一石を投じたと言えそうです。

（2022年6月24日日本電信電話株式会社ニュースリリースの内容に基づく）

社会・生活 6

1. 全体を理解する — チャレンジしてみよう！ —

構成に注意しながらパート①〜③ 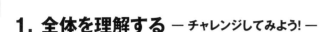112 〜 113114 を聞いて、キーワードだと思う言葉をいくつか書き出しなさい。

2. ポイントをつかむ — 「〜が／〜は」と、それに続く動詞の部分に注意しよう！ —

パート① 112 をもう一度聞いて、その内容について答えなさい。

a．以下を埋めなさい。（○には「が」か「は」を入れなさい。）

大手企業を中心に＿＿＿＿＿＿＿＿と呼ばれる雇用形態を＿＿＿＿＿＿

＿＿＿＿ ○ ＿＿＿＿＿＿。

b．ニュースの要点について、主語と述部を意識してまとめなさい。

3. 詳細を理解する

パート② 113 をもう一度聞いて、その内容について答えなさい。

a．パート①に出てくる「ジョブ型雇用」は、パート②で具体的に何と言っているか。

b．日本ではどのような雇用形態が中心か。またそれはどのようなものか。

c．ジョブ型雇用が導入_{どうにゅう}されるようになった理由_{りゆう}は何か。2つ挙_あげなさい。

4. 展開をつかむ

パート③ 🔊114 をもう一度聞いて、その内容について答えなさい。

a．以下を埋_うめなさい。

日本の代表的_{だいひょうてき}な企業_{きぎょう}などで構成_{こうせい}される、日本経済団体連合会_{にっぽんけいざいだんたいれんごうかい}の_____、アンケートに回答_{かいとう}した経団連_{けいだんれん}の会員企業_{かいいんきぎょう}のおよそ_____がジョブ型雇用_{がたこよう}を既_{すで}に_____か、導入_{どうにゅう}を_____
_____。

b．パート①、②の内容_{ないよう}とどんな関係_{かんけい}があるか。正しい番号_{ばんごう}を選_{えら}びなさい。

1. ①、②についての日本経済団体連合会_{にっぽんけいざいだんたいれんごうかい}のコメント
2. ①、②についての放送局_{ほうそうきょく}のコメント
3. ①、②についての追加情報_{ついかじょうほう}

5. 発音を確認する

🔊112 ～ 🔊114 の後に続いて、同じように言いなさい。

6. 構成、内容、意味を確認する

スクリプトを声に出して読みなさい。

〜解答と聞き取りのポイント〜

1. 省略

2. a. スクリプト（🔊112 ①）参照
   b. 大手企業を中心にジョブ型雇用と呼ばれる雇用形態を導入する動きが見られる。

   ◆「〜形態」
   「〜」の姿や方式のこと。
   例．直接、産地と取引するスーパーが増えるなど、流通形態は変化しつつある。
   株式会社と官公庁では組織形態が大きく異なる。

3. a. ポストに対して、その職務を行う能力のある人材を配置する雇用形態

   ◆パート①の言葉をパート②で詳しく言い換えている例
   「ジョブ型雇用」→「ポストに対して、その職務を行う能力のある人材を配置する雇用形態」

   b. メンバーシップ型雇用
   職務を限定せず、幅広く仕事を経験するもの。
   c. いち早く専門性の高い人材を確保するため。
   生産性を高めるため。

   ◆「Aに見合ったB」
   「AにふさわしいB」、「Aの価値に合っているB」という意味。「報酬に見合った成果」「価格に見合った品質」などのように使われる。

   ◆「AにとどまらずB」
   「Aのレベルで止まらないで、もっと大きく、幅広くBする」と言いたい時に使われる。
   ニュースでは、影響の範囲がさらに広がると強調したい時などに使われる。

4. a. スクリプト（🔊114 ③）参照
   b. 3

   ◆「AにB」
   「A分のB」という割合を表す。AとBを取り違えないよう注意しよう。
   例．小学生の2人に1人がスマートフォンを所持しているといわれている。

大企業を中心にジョブ型雇用、導入の動き

112 ① 大手企業を中心にジョブ型雇用と呼ばれる雇用形態を導入する動きが見られます。

113 ② ジョブ型雇用とは、ポストに対して、その職務を行う能力のある人材を配置する雇用形態で、職務・勤務地・労働時間・待遇などを事前に決めて契約を結びます。欧米では広く取り入れられているジョブ型雇用ですが、日本では、職務を限定せず、幅広く仕事を経験する、いわゆるメンバーシップ型雇用が中心です。しかし、近年、企業を取り巻く環境の急激な変化に伴い、いち早く専門性の高い人材を確保する必要性が出てきたことや、生産性を高めるため、管理職を中心にポストに見合った人材を配置するといったジョブ型雇用が導入されるようになってきました。さらに、管理職にとどまらず、ジョブ型雇用を一般社員に拡大する企業も出てきています。

114 ③ 日本の代表的な企業などで構成される、日本経済団体連合会の調査では、アンケートに回答した経団連の会員企業のおよそ4社に1社がジョブ型雇用を既に導入しているか、導入を予定・検討しているということです。

第3章

社会・生活 7

1. 全体を理解する — チャレンジしてみよう! —

構成に注意しながらパート①〜③ 🔊115 〜 🔊117 を聞いて、キーワードだと思う言葉をいくつか書き出しなさい。

2. ポイントをつかむ — 「〜が／〜は」と、それに続く動詞の部分に注意しよう! —

パート① 🔊115 をもう一度聞いて、その内容について答えなさい。

a. 以下を埋めなさい。（○には「が」か「は」を入れなさい。）

内閣府が行った＿＿＿＿＿＿＿＿＿＿＿＿＿＿＿＿、20代の女性のおよそ5割、男性のおよそ7割が「配偶者や恋人はいない」、また、20代の独身女性のおよそ4人に1人、独身男性のおよそ4割が、デートの経験がないと回答するなど、＿＿＿＿＿＿＿＿＿＿＿＿＿＿＿＿＿＿＿

○ ＿＿＿＿＿＿＿＿＿＿＿＿＿＿。

b. ニュースの要点について、主語と述部を意識してまとめなさい。

3. 詳細を理解する

パート② 🔊116 をもう一度聞いて、その内容について答えなさい。

a. 結婚の意思について、（　　　）に正しい数字を入れなさい。

「ある」と答えた人の割合：
　　20代女性（①　　　　）%、30代女性（②　　　　）%
　　20代男性（③　　　　）%、30代男性（④　　　　）%

「なし」と答えた人の割合：
　　20代女性（⑤　　　　）%、30代女性（⑥　　　　）%
　　20代男性（⑦　　　　）%、30代男性（⑧　　　　）%

b. 積極的に結婚したいと思わない理由で、男女ともに最も多かったのは何か。

c. 積極的に結婚したいと思わない理由で、男女間で差があったのは何か。正しい番号をすべて選びなさい。

女性の方が高い：(　　　　　　)　　男性の方が高い：(　　　　　　)

1. 今のままの生活を続けた方が安心だから。
2. 仕事、家事、育児、介護を背負うことになるから。
3. 結婚生活を送る経済力がない、仕事が不安定だから。
4. 仕事を優先したい、キャリアを中断したくないから。
5. 名字・姓が変わるのが嫌・面倒だから。

4. 展開をつかむ

パート③ 🔊117 をもう一度聞いて、その内容について答えなさい。

a. 以下を埋めなさい。

日本人の家族の＿＿＿＿＿＿＿＿＿＿＿＿＿＿＿＿＿＿＿。1人1人が長い
人生を幸せに送れるよう、古い価値観にとらわれることなく＿＿＿＿＿＿＿
＿＿＿＿＿＿＿＿＿＿＿＿＿＿＿＿＿＿＿＿。

b. パート①、②の内容とどんな関係があるか。正しい番号を選びなさい。

1. ①、②についての若者のコメント
2. ①、②についての放送局のコメント
3. ①、②についての専門家のコメント

5. 発音を確認する

🔊115 ～ 🔊117 の後に続いて、同じように言いなさい。

6. 構成、内容、意味を確認する

スクリプトを声に出して読みなさい。

〜解答と聞き取りのポイント〜

1. 省略

2. a. スクリプト（🔊**115**①）参照

   b. 調査で、結婚に対してあまり積極的ではない今の日本の若者像が浮かび上がってきた。

      ◆「調査で〜が{浮かび上がってきた／浮き彫りになった}」
      「調査によって、今まで気がつかなかったり、見えていなかった〜がはっきり分かる状態になった」という意味。▶ 社会・生活3 ◆「調査で〜ことが{明らかになった／分かった／判明した}」参照

      ◆「AのB像」
      「AのB」のイメージ、姿という意味で、ニュースでは「日本の未来像」「会社の将来像」「国家の理想像」などのように使われる。

      ◆「〜層」「〜像」「〜増」
      「そう」と「ぞう」は音が聞き分けにくいので注意しよう。また、「像」と「増」は音が同じなので、数字の後に出てきたら、「増」だとすぐにイメージできるようにしておこう。

3. a. ①64.6%　②46.4%　③54.4%　④46.4%　⑤14.0%　⑥25.4%
      ⑦19.3%　⑧26.5%

   b. 結婚に縛られたくない、自由でいたいから。

   c. 女性の方が高い：2、5
      男性の方が高い：3

4. a. スクリプト（🔊**117**③）参照

   b. 2

      ◆「〜のあり方」
      「〜の本来の状態、方法」という意味で、ニュースでは問題を投げかける時によく使われる。

      例. 社会人の再教育のあり方について検討が必要だ。
      　　自治体の住民への情報発信のあり方を見直すべきだ。

      ◆「AことなくB」
      「Aをしない状態でBをする」という意味。一般的にはAをすることが多いが、それをしないでBをすると言いたい時などに使われることが多い。

日本の若者の結婚観

🔊 **115** ① 内閣府が行った結婚に関する意識調査で、20代の女性のおよそ5割、男性のおよそ7割が「配偶者や恋人はいない」、また、20代の独身女性のおよそ4人に1人、独身男性のおよそ4割が、デートの経験がないと回答するなど、結婚に対してあまり積極的ではない今の日本の若者像が浮かび上がってきました。

🔊 **116** ② これは、内閣府の「男女共同参画白書」の中で明らかになったものです。結婚の意思を尋ねたところ、「ある」と答えた人の割合は、20代女性で64.6%、30代女性で46.4%、20代男性で54.4%、30代男性で46.4%となっています。一方、「なし」と答えた人の割合は、20代女性で14.0%、30代女性で25.4%、20代男性で19.3%、30代男性で26.5%となっています。積極的に結婚したいと思わない理由で男女とも最も多かったのは「結婚に縛られたくない、自由でいたいから」というものでした。男女間で差があるものには、「仕事、家事、育児、介護を背負うことになるから」「名字・姓が変わるのが嫌・面倒だから」などがあり、いずれも女性の方が高い結果となりました。唯一、男性の方が高かったものは「結婚生活を送る経済力がない、仕事が不安定だから」でした。

🔊 **117** ③ 日本人の家族のあり方や生き方は多様化しています。1人1人が長い人生を幸せに送れるよう、古い価値観にとらわれることなく制度や慣習を改めて考えていく必要があるかもしれません。

社会・生活 8

1. 全体を理解する — チャレンジしてみよう! —

構成に注意しながらパート①〜③ ◁))118 〜 ◁))120 を聞いて、キーワードだと思う言葉をいくつか書き出しなさい。

2. ポイントをつかむ — 「〜が／〜は」と、それに続く動詞の部分に注意しよう! —

パート① ◁))118 をもう一度聞いて、その内容について答えなさい。

a. 以下を埋めなさい。（○には「が」か「は」を入れなさい。）

国が行った調査で、_____、大人に代わって_____○_____。

b. ニュースの要点について、主語と述部を意識してまとめなさい。

3. 詳細を理解する

パート② ◁))119 をもう一度聞いて、その内容について答えなさい。

a. パート①に出てくる「大人に代わって日常的に家族の世話をしている」子どもは、パート②で何と言い換えているか。

b. aと言える年齢はどれか。正しい番号をすべて選びなさい。

1. 12歳　　2. 17歳　　3. 18歳　　4. 19歳　　5. 20歳

c. 大人に代わって日常的に家族の世話をしている小学6年生について、正しい番号をすべて選びなさい。

1. 6.5%が学校へ行かずに家族の世話をしている。
2. 世話をしている対象は、父親より母親の方が多い。
3. 世話の内容は、食事の準備や掃除などの家事が一番多い。
4. 平日1日あたりの世話に費やす平均時間は、およそ3時間である。

d. 大人に代わって日常的に家族の世話をしている小学6年生が学校や周りの大人にしてほしいことは何か。3つ挙げなさい。

4. 展開をつかむ

パート③ ◁))120 をもう一度聞いて、その内容について答えなさい。

a. 以下を埋めなさい。

今日5月5日はこどもの日。すべての子どもが＿＿＿＿＿＿＿＿＿＿＿＿＿
＿＿＿＿＿、実情に即した＿＿＿＿＿＿＿＿＿＿＿。

b. パート①、②の内容とどんな関係があるか。正しい番号を選びなさい。

1. ①、②についての子どもの声
2. ①、②についての放送局のコメント
3. ①、②についての政府の対策

5. 発音を確認する

◁))118 ～ ◁))120 の後に続いて、同じように言いなさい。

6. 構成、内容、意味を確認する

スクリプトを声に出して読みなさい。

～解答と聞き取りのポイント～

1. 省略

2. a. スクリプト（🔊**118** ①）参照
   b. 調査で、小学6年生のおよそ15人に1人が、大人に代わって家族の世話を
      していることが分かった。

3. a. ヤングケアラー
      ◆パート①の言葉をパート②で同じような意味の言葉に言い換えている例
         「大人に代わって日常的に家族の世話をしている(子ども)」→「ヤングケアラー」
   b. 1、2
   c. 2、4
      ◆「A、次いでB、Cと{続く／なる}」
         調査結果などについて、項目や数字を順番に挙げて説明する時によく使われる。出て
         くる情報の順番を意識しながら聞こう。
      ◆「1～あたりの＋[名詞]」
         最小単位に対する[名詞]と言いたい時に使われる。「1人あたりの金額」「1日あたり
         の人数」「1回あたりの時間」などがある。
   d. つらさを分かってほしい。
      気持ちを聞いてほしい。
      相談できる場所がほしい。

4. a. スクリプト（🔊**120** ③）参照
   b. 2
      ◆「Aに即したB」
         「Aに合っているB」という意味を表す。
         例. 政府には企業の実態に即した政策が求められる。

小学生のヤングケアラー、15人に1人

118 ① 国が行った調査で、小学6年生のおよそ15人に1人が、大人に代わって日常的に家族の世話をしていることが分かりました。

119 ② 大人に代わって家族の介護や家事をする18歳未満の子ども、いわゆるヤングケアラーについて国が行った実態調査で、小学6年生の6.5%、およそ15人に1人が日常的に家族の世話をしていることが明らかになりました。小学6年生が世話をしている対象は、きょうだいが71.0%と最も多く、次いで母親が19.8%、父親が13.2%と続きました。内容で最も多かったのは、世話をしている家族の見守りが40.4%、食事の準備や掃除などの家事が35.2%、きょうだいの世話や送り迎えが28.5%でした。平日1日あたりの世話に費やす平均時間は2.9時間で「1時間以上2時間未満」が27.4%と最も多くなっていますが、「7時間以上」も7.1%に上ります。学校や周りの大人にしてもらいたいことを自由に書いてもらったところ、「つらさを分かってほしい。私の気持ちを聞いてほしい」、「相談できる場所がほしい」といった意見が見られました。

120 ③ 今日5月5日はこどもの日。すべての子どもが安心して毎日を過ごせるよう、実状に即した支援が急がれます。

社会・生活 9

1. 全体を理解する — チャレンジしてみよう! —

構成に注意しながらパート①～③ 🔊121 ～ 🔊123 を聞いて、キーワードだと思う言葉をいくつか書き出しなさい。

2. ポイントをつかむ — 「～が／～は」と、それに続く動詞の部分に注意しよう! —

パート① 🔊121 をもう一度聞いて、その内容について答えなさい。

a. 以下を埋めなさい。（○には「が」か「は」を入れなさい。）

_____ ○、明日12日の夕方から夜にかけて、

_____、_____。

b. ニュースの要点について、主語と述部を意識してまとめなさい。

3. 詳細を理解する

パート② 🔊122 をもう一度聞いて、その内容について答えなさい。

a. 台風19号について、（　　　　）に適切な言葉を入れなさい。

12日から13日にかけては、（　　　　　）を中心に、（
　　　　）の広い範囲で猛烈な風が吹き、海は（　　　　　　　）となり、
記録的な（　　　）となるところがあり、広い範囲で記録的な（　　　）と
なる見込み。

b．交通各社の計画運休について、（　　　）に適切な言葉や数字を入れなさい。

鉄道：JR東海は（①　　　）日の（②　　　　　）から、東京と名古屋の間の東海道（③　　　　　　）の運転を（④　　　　　　　）。

JR東日本は、（⑤　　　　　　　）の（⑥　　　　　　　）で12日（⑦　　　　　）時以降、（⑧　　　　　　）運転を（⑨　　　　　　）。

東北、上越、北陸各新幹線についても、午後1時（⑩　　　　）から運転を取りやめる。

飛行機：日本航空は（⑪　　　）日の（⑫　　　　　　）513便、（⑬　　　　　　）73便を（⑭　　　　　　）する。（⑮　　　）日も国内線3便、国際線7便を欠航する。

全日空も、12日から13日に（⑯　　　　　　　）を（⑰　　　　　　　）する国際線30便と、12日の羽田、成田を発着する国内線の（⑱　　　　　　）を欠航する。

4. 展開をつかむ

パート③ 🔊123 をもう一度聞いて、その内容について答えなさい。

a．以下を埋めなさい。

_____、警報・注意報などの_____、命を守るため、風や雨が強まる前に、また、夜、暗くなる前に、自治体の避難勧告などに従って、_____、_____

_____。

b．パート①、②の内容とどんな関係があるか。正しい番号を選びなさい。

1. ①、②についての気象庁からの被害情報
2. ①、②についての自治体からの追加情報
3. ①、②についての気象庁からの注意喚起

5. 発音を確認する

🔊121 ～ 🔊123 の後に続いて、同じように言いなさい。

6. 構成、内容、意味を確認する

スクリプトを声に出して読みなさい。

～解答と聞き取りのポイント～

1. 省略

2. a. スクリプト（🔊**121** ①）参照
   b. 台風19号が12日の夕方以降に、東海地方または関東地方に上陸する見込みだ。
      ◆「AからBにかけて〜」
      気象情報などのニュースでよく使われ、場所や時間について「だいたいAからBまで」という意味を表す。

3. a. 東日本　西日本から東北地方　猛烈なしけ　暴風　大雨
      ◆「AをBからCに変え（て）〜」
      結論はCになるので、Cに注意して聞こう。
   b. ①12　②始発　③新幹線　④終日見合わせる　⑤首都圏　⑥在来線
      ⑦午前10　⑧順次　⑨取りやめる　⑩前後　⑪12　⑫国内線　⑬国際線
      ⑭欠航　⑮13　⑯羽田、成田　⑰発着　⑱全便
      ◆「（電車の）運転を見合わせる／取りやめる」「（飛行機の）欠航を決める」
      交通情報のニュースで、電車や飛行機が運行しないという意味で、事故や災害、天候などにより運転を行うことができないと言いたい時に使われる。

4. a. スクリプト（🔊**123** ③）参照
   b. 3
      ◆台風のニュースのポイント
      日本では台風が発生すると、その動きについてニュースで随時発表する。パート①で台風の規模と動き、パート②で台風による影響、パート③で今後の注意を伝える形が多い。すべて理解できなくても、自分にとって必要な情報が聞き取れればよい。
      ◆注意報と警報
      強風、大雨、洪水、津波、高潮などによる災害が発生するおそれがある場合、注意をするよう気象庁から発表される予報。警報は注意報より程度の高い呼びかけである。

台風19号接近

121 ① 大型で非常に強い台風19号は、明日12日の夕方から夜にかけて、東海地方または、関東地方に上陸する見込みです。

122 ② 台風19号は、11日午前9時時点で、父島の西の海上を北北西に進んでいます。中心の気圧は925ヘクトパスカル、中心付近の最大風速は50メートルです。今後、進路を次第に北北東から北東に変え、12日夕方から夜にかけて、東海地方または関東地方に強い勢力を保ったまま上陸する見込みです。12日から13日にかけては、東日本を中心に、西日本から東北地方の広い範囲で猛烈な風が吹き、海は猛烈なしけとなり、記録的な暴風となるところがあるでしょう。また、広い範囲で記録的な大雨となる見込みです。台風の接近に伴って、交通各社は計画運休を発表しています。JR東海は12日の始発から、東京と名古屋の間の東海道新幹線の運転を終日見合わせます。JR東日本は、首都圏の在来線で12日午前10時以降、順次運転を取りやめ、東北、上越、北陸各新幹線についても、午後1時前後から運転を取りやめるということです。空の便では、日本航空は12日の国内線513便、国際線73便を欠航します。13日も国内線3便、国際線7便を欠航するということです。全日空も12日から13日に羽田、成田の両空港を発着する国際線30便の欠航と12日の羽田、成田を発着する国内線の全便の欠航を決めました。

123 ③ 気象庁は、警報・注意報などの気象情報に注意するとともに、命を守るため、風や雨が強まる前に、また、夜、暗くなる前に、自治体の避難勧告などに従って、早め早めに避難するなど、安全の確保を図るよう呼びかけています。

コラム　～台風の大きさ・強さ～

気象庁では、次のような基準で台風の大きさと強さを表現している。

台風の大きさ	階級	風速15m/s以上の半径
	大型（大きい）	500km以上～800km未満
	超大型（非常に大きい）	800km以上

台風の強さ	階級	最大風速
	強い	33m/s以上～44m/s未満
	非常に強い	44m/s以上～54m/s未満
	猛烈な	54m/s以上

社会・生活 10

1. 全体を理解する ― チャレンジしてみよう! ―

構成に注意しながらパート①〜③ 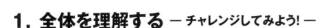 124 〜 126 を聞いて、キーワードだと思う言葉をいくつか書き出しなさい。

2. ポイントをつかむ ― 「〜が／〜は」と、それに続く動詞の部分に注意しよう! ―

パート① 124 をもう一度聞いて、その内容について答えなさい。

a. 以下を埋めなさい。(○には「が」か「は」を入れなさい。)

今日23時36分に、＿＿＿＿＿＿＿＿を震源とする＿＿＿＿＿ ○ ＿＿＿＿＿

＿＿＿＿。
宮城県登米市、蔵王町、福島県国見町、相馬市、南相馬市の5つの市町村
で＿＿＿＿＿＿＿を観測しました。

b. ニュースの要点について、主語と述部を意識してまとめなさい。

3. 詳細を理解する

パート② 125 をもう一度聞いて、その内容について答えなさい。

a. 気象庁はどんな注意報を出したか。

b．ニュースで呼びかけていることは何か。正しい番号をすべて選びなさい。

　　1. 海の中にいる人はすぐに海から出ること。
　　2. 海岸にいる人は建物の中に逃げること。
　　3. 家屋の中にいる人はすぐに外に出ること。
　　4. 土砂災害に警戒すること
　　5. 津波の危険を家族に知らせること。
　　6. 余震に注意すること。

4. 展開をつかむ

パート③ ◁))126 をもう一度聞いて、その内容について答えなさい。

a．以下を埋めなさい。

　　＿＿＿＿＿＿＿＿＿。23時36分に、福島県沖を震源とする地震が発生しました。

b．パート①、②の内容とどんな関係があるか考えなさい。

5. 発音を確認する

◁))124 ～ ◁))126 の後に続いて、同じように言いなさい。

6. 構成、内容、意味を確認する

スクリプトを声に出して読みなさい。

～解答と聞き取りのポイント～

1. 省略

2. a. スクリプト（🔊124 ①）参照
   b. 福島県沖を震源とする震度6強の地震があった。
      ◆「震度＋［数字］＋｛強／弱｝」
      震度は地震の強さを気象庁が数字で表したもので、特に震度5と6については、「震度6弱」のように震度の数字の後に、「強」、「弱」をつけて程度を詳しく表す。地震のニュースを聞く時に大切なのは震度を表す数字である。数字の後ろに「弱」がついている場合に、それが「弱い地震」だと取り違えないようにしよう。

3. a. 津波注意報
   b. 1、4、6
      ◆「～ない限り…ない」
      「～の場合だけ…する」という意味。「～」は例外的であり、「…しない」と強調したい時などに使われる。聞き取る時、混乱しないように注意しよう。

4. a. スクリプト（🔊126 ③）参照
   b. ①、②の繰り返し
      ◆地震のニュースのポイント
      日本では地震が発生するとすぐ、その情報についての発表がある。パート①で地震についての情報を伝え、パート②で注意すべきことを「～てください」の形で呼びかける。同じことをパート③で繰り返し述べるので、一度で聞けなくても慌てることなく、必要な情報を聞き取ろう。

宮城県、福島県で震度6強の地震

🔊124 ① 今日23時36分に、福島県沖を震源とする地震がありました。宮城県登米市、蔵王町、福島県国見町、相馬市、南相馬市の5つの市町村で震度6強を観測しました。

🔊125 ② 気象庁によりますと、震源の深さはおよそ60キロ、地震の規模を表すマグニチュードは7.3と推定されます。23時39分、気象庁は宮城県、福島県に津波注意報を発令しました。海の中や海岸付近は危険です。海の中にいる人はただちに海から上がって、海岸から離れてください。注意報が解除されるまで海に入ったり海岸に近づいたりしないようにしてください。揺れの強かった地域では、家屋の倒壊や土砂災害などの危険性が高まっています。やむを得ない事情がない限り、危険な場所に立ち入らないなど身の安全を図るよう心がけてください。また、揺れが強かった地域では、地盤が緩んだり、積雪が不安定になったりしている可能性があります。土砂災害や雪崩が発生するおそれがあるため注意や警戒が必要です。余震に注意して落ち着いて行動してください。

🔊126 ③ 繰り返します。23時36分に、福島県沖を震源とする地震が発生しました。

コラム　〜震度について〜

日本は地震大国といわれているが、気象庁では地震の程度を以下のように定めている。

震度0　＝地震計には出るが、人は揺れを感じない。
震度1　＝屋内で静かにしている人の中に、揺れをわずかに感じる人がいる。
震度2　＝屋内で静かにしている人の大半が揺れを感じる。
震度3　＝屋内にいる人のほとんどが揺れを感じる。
震度4　＝ほとんどの人が驚く。つり下げている物が大きく揺れる。
震度5弱＝大半の人が怖いと思い、物につかまりたいと感じる。
震度5強＝大半の人が物につかまらないと歩くことが難しい。
震度6弱＝立っていることが難しい。
震度6強＝はわないと動けない。飛ばされることもある。
震度7　＝はわないと動けない。飛ばされることもある。固定していない家具が飛ぶこともある。

気象庁震度階級関連解説表（平成21年3月31日改定）をもとに作成

社会・生活 11

1. 全体を理解する — チャレンジしてみよう! —

構成に注意しながらパート①〜③ 🔊 **127** 〜 🔊 **129** を聞いて、キーワードだと思う言葉をいくつか書き出しなさい。

2. ポイントをつかむ — 「〜が／〜は」と、それに続く動詞の部分に注意しよう! —

パート① 🔊 **127** をもう一度聞いて、その内容について答えなさい。

a. 以下を埋めなさい。（○には「が」か「は」を入れなさい。）

_____ ○ 25日、_____

_____。それによりますと、建物の耐震化や不燃化の取り組みの

結果、10年前の_____

ということです。

b. ニュースの要点について、主語と述部を意識してまとめなさい。

3. 詳細を理解する

パート② 🔊 **128** をもう一度聞いて、その内容について答えなさい。

a. 今回の想定について、（　　　）に正しい数字を入れなさい。

マグニチュード（　　　）の都心南部直下地震が発生した場合、震度（　　　）
強以上の範囲は、東京23区のおよそ（　　　）割を占める。

b. 今回の想定について、（　　　）に適切な言葉や数字を入れなさい。

（　　　）の（　　　　　）や（　　　　　）を推進した結果、10年前の想
定時と比べて（　　　　）をおよそ（　　）割から（　　）割（　　　　　）
ことができた。

4. 展開をつかむ

パート③ 🔊 **129** をもう一度聞いて、その内容について答えなさい。

ａ．以下を埋めなさい。

＿＿＿＿＿＿＿＿、想定される被害は依然として甚大であることから、引き続き

＿＿＿＿＿＿＿＿＿＿＿＿＿＿＿＿＿＿＿＿＿＿＿＿＿＿＿＿＿＿＿＿＿＿＿。

ｂ．パート①、②の内容とどんな関係があるか考えなさい。

✱発展練習 — 数字を書きとめる —

パート①〜③ 🔊 **127** 〜 🔊 **129** をもう一度通して聞きながら、数字を書き入れなさい。

	耐震化率	不燃領域率	建物被害	死者数
10年前の想定	％	％	棟	人
今回の想定	％	％	棟	人

5. 発音を確認する

🔊 **127** 〜 🔊 **129** の後に続いて、同じように言いなさい。

6. 構成、内容、意味を確認する

スクリプトを声に出して読みなさい。

第**3**章

～解答と聞き取りのポイント～

1. 省略

2. a. スクリプト（🔊 **127** ①）参照
   b. 東京都が首都直下地震発生時の被害想定を発表した。
      ◆「～結果、…」
      「～して、その後…となった」という意味。前後の因果関係を強調したい時などによく使われる。「結果」の後が大切なので後半に集中しよう。

3. a. 7.3
      6
      6
      ◆「AはBと想定される」
      「AはBとなると予想されたり、考えられたりする」と言いたい時によく使われる。ニュースでは、仮定の状況について、その結果を予想する時などに使われる。
   b. 住宅
      耐震化
      不燃化
      被害
      3
      4
      減らす

4. a. スクリプト（🔊 **129** ③）参照
   b. ①、②についての東京都のコメント
      ◆「依然（として）～」
      「前の状態のまま変わらず～である」という意味。「以前」と取り違えてしまうことがよくあるが、意味もアクセントも違うので注意しよう。

＊発展練習

	耐震化率	不燃領域率	建物被害	死者数
10年前の想定	81.2　％	58.4　％	30万4,300棟	9,641　人
今回の想定	92.0　％	64.0　％	19万4,431棟	6,148　人

首都直下地震の被害想定、10年ぶりに見直し

127 ① 東京都は25日、首都直下地震発生時の被害想定を発表しました。それによりますと、建物の耐震化や不燃化の取り組みの結果、10年前の前回想定時と比べて被害規模がおよそ3割から4割減少したということです。

128 ② 10年ぶりとなった今回の想定見直しは、大都市東京の実情を反映するとともに、近年の大規模災害を踏まえた最新の知見に基づいて行われたものです。最大の被害を想定したマグニチュード7.3の都心南部直下地震では、震度6強以上の範囲が東京23区のおよそ6割を占めると想定されます。都ではこの10年、住宅の耐震化や不燃化を推進してきました。その結果、耐震化率は10年前の81.2%から92.0%に、不燃領域率は58.4%から64.0%に向上しました。こうした取り組みにより、今回の被害想定では、建物被害は前回の30万4,300棟から19万4,431棟、死者数は9,641人から6,148人となり、被害をおよそ3割から4割減らすことができたということです。

129 ③ 都では、想定される被害は依然として甚大であることから、引き続き耐震化や不燃化などの対策を強化していきたいとしています。

社会・生活 12

1. 全体を理解する ― チャレンジしてみよう！ ―

構成に注意しながらパート①〜③ 🔊 **130** 〜 🔊 **132** を聞いて、キーワードだと思う言葉をいくつか書き出しなさい。

2. ポイントをつかむ ― 「〜が／〜は」と、それに続く動詞の部分に注意しよう！ ―

パート① 🔊 **130** をもう一度聞いて、その内容について答えなさい。

a. 以下を埋めなさい。（○には「が」か「は」を入れなさい。）

国内最大の同人誌即売会、＿＿＿＿＿＿＿＿＿＿＿、＿＿＿＿＿○
8月13日の今日、＿＿＿＿＿＿＿＿＿＿＿＿＿＿＿＿＿＿＿。

b. ニュースの要点について、主語と述部を意識してまとめなさい。

3. 詳細を理解する

パート② 🔊 **131** をもう一度聞いて、その内容について答えなさい。

a. パート①の「コミックマーケット」は、パート②で具体的に何と言っているか。（　　　）に適切な言葉を入れなさい。

（　　　　　　　　　　）が制作した（　　　　　）や（　　　　　）、（　　　　　）の同人誌を売買する場として1975年に始まった（　　　　　　　　　　）のこと。

ｂ．この日、会場はどんな様子だったか。（　　　　）に適切な言葉を入れなさい。

・（①　　　　　）ぶりの（②　　　　　）のコミケは、規模を（③　　　　　　　　　）して行われた。

・（④　　　　　　　　　）が（⑤　　　　　　　）を喜び合ったり、同人誌の（⑥　　　　　　　）が（⑦　　　　　　　　）と交流したりしていた。

・（⑧　　　　　　　　　）や（⑨　　　　　　　　　）も数多くいた。

・この日はあいにくの（⑩　　　　　　）だったが、会場は（⑪　　　　　　　　　　　）に包まれていた。

4. 展開をつかむ

パート③ 🔊 **132** をもう一度聞いて、その内容について答えなさい。

ａ．以下を埋めなさい。

コミケ100は明日＿＿＿＿＿＿＿＿＿＿＿＿＿＿＿＿＿＿＿＿＿＿＿、2日間で最大

＿＿＿＿＿＿＿＿＿＿＿＿＿＿＿＿＿＿＿＿＿＿＿＿＿＿＿＿＿＿＿＿＿＿＿＿。

ｂ．パート①、②の内容とどんな関係があるか考えなさい。

5. 発音を確認する

🔊 **130** 〜 🔊 **132** の後に続いて、同じように言いなさい。

6. 構成、内容、意味を確認する

スクリプトを声に出して読みなさい。

～解答と聞き取りのポイント～

1. 省略

2. a．スクリプト（🔊130 ①）参照
　　 b．コミケ100が東京ビッグサイトで開催された。

3. a．個人サークル　マンガ　アニメ　ゲーム　同人誌即売会
　　 b．①3年　②夏　③縮小　④参加者　⑤再会　⑥購入者　⑦作者
　　　　⑧コスプレイヤー　⑨カメラマン　⑩台風　⑪参加者の熱気
　　　◆「Aに扮したB」
　　　「Aに似せた姿になったB」という意味。BがAの仮装をすると言いたい時に使われる。
　　　◆「～に見舞われた」
　　　「災害など、よくない～に遭ってしまった」と言いたい時に使われる。「見舞われる」と
　　　聞こえたら、その前の部分が聞き取れなくても悪い状況になったということが分かる。
　　　◆「会場は（人の）熱気に包まれていた」
　　　「会場の周りの雰囲気や人々が非常に興奮した状態である」という意味。ニュースで
　　　は、イベントなどが大変盛り上がっていると強調したい時によく使われる。

4. a．スクリプト（🔊132 ③）参照
　　 b．①、②についての追加情報
　　　◆「～は…が見込まれている」
　　　　ニュースでは「～について将来…になる」と予測されると言いたい時に使われる。
　　　　例．来年度は売り上げの大幅な増加が見込まれている。
　　　　　　展示会は今月末まで開かれ、3万人の入場者が見込まれている。

コミケ100開幕

130 ① 国内最大の同人誌即売会、コミックマーケット、コミケ100が8月13日の今日、東京ビッグサイトで開催されました。

131 ② コミケとは、個人サークルが制作したマンガやアニメ、ゲームの同人誌を売買する場として1975年に始まった同人誌即売会のことです。90年以降は年に2回、夏と冬に開かれており、今回で100回目を迎えました。コロナ禍で3年ぶりの開催となった夏のコミケは、感染対策のため規模を縮小して行われましたが、会場では参加者が久しぶりのコミケでの再会を喜び合ったり、同人誌の購入者が作者と交流したりする様子があちこちで見られました。また、様々なキャラクターに扮したコスプレイヤーや、その姿を熱心に撮影するカメラマンも数多くいました。この日はあいにくの台風に見舞われましたが、会場は参加者の熱気に包まれていました。

132 ③ コミケ100は明日14日まで開催され、2日間で最大18万人の参加者が見込まれています。

社会・生活 13

1. 全体を理解する ― チャレンジしてみよう！ ―

構成に注意しながらパート①～③ 133 ～ 135 を聞いて、キーワードだと思う言葉をいくつか書き出しなさい。

2. ポイントをつかむ ―「～が／～は」と、それに続く動詞の部分に注意しよう！ ―

パート① 133 をもう一度聞いて、その内容について答えなさい。

a. 以下を埋めなさい。（○には「が」か「は」を入れなさい。）

機械にお金を入れてハンドルを回すと、カプセルに入ったおもちゃが出てくる、通称 ガチャガチャと呼ばれる＿＿＿＿＿＿＿ ○、今、第4次ブームの到来ともいわれる＿＿＿＿＿＿＿＿＿＿＿。＿＿＿＿＿＿＿＿＿＿＿この10年で100億円以上増え、＿＿＿＿＿＿＿＿＿＿＿＿＿＿＿＿と推定されます。

b. ニュースの要点について、主語と述部を意識してまとめなさい。

3. 詳細を理解する

パート② 134 をもう一度聞いて、その内容について答えなさい。

a. カプセルトイが大人にも受け入れられるようになった理由は何か。

b. 誰にでも人気がある商品は何か。

c. 商品のミニチュアやご当地アイテムは、何のツールとして利用されているか。

4. 展開をつかむ

パート③ 🔊135 をもう一度聞いて、その内容について答えなさい。

a. 以下を埋めなさい。

運任せのガチャガチャですが、何が出てくるか分からない＿＿＿＿＿＿＿

＿＿＿＿＿＿＿＿＿＿＿＿＿＿＿＿＿＿＿＿＿＿＿＿＿＿＿＿＿＿＿＿。

b. パート①、②の内容とどんな関係があるか考えなさい。

5. 発音を確認する

🔊133 ～ 🔊135 の後に続いて、同じように言いなさい。

6. 構成、内容、意味を確認する

スクリプトを声に出して読みなさい。

～解答と聞き取りのポイント～

1. 省略

2. a. スクリプト（🔊 133 ①）参照
   b. カプセルトイが今、人気となっている。
      ◆「第～次」
      「～回目」という意味を表す。「第1次政権」「第3次評価」「第4次産業革命」などのように使われる。
      ◆「～ブーム／～時代／～社会の到来」
      何かを行うのによい時期や人気の時代がやってくるという意味で、ニュースでは、「～ブームの到来」のほかに、「～時代の到来」「～社会の到来」のように使われる。

3. a. 商品が本物そっくりで再現度が高いため。
   b. アニメのキャラクターなどのフィギュア。
   c. 企業の宣伝や地域活性化のツールとして利用されている。
      ◆「Aのほか、B（が／も）～」
      「～がAだけでなく、Bにも言える」という意味。
      例．増税については、A党のほか、B党が反対している。
      　　就業規則は正社員のほか、派遣社員やアルバイトにも適用される。

4. a. スクリプト（🔊 135 ③）参照
   b. ①、②についての放送局のコメント
      ◆「～感」
      「～する感じ」と、その雰囲気やイメージを伝えたい時などに使われる。「すっきり感がある」「わくわく感がいい」「キラキラ感が人気だ」などのように使われる。

カプセルトイ、第4次ブーム到来

133 ① 機械にお金を入れてハンドルを回すと、カプセルに入ったおもちゃが出てくる、通称ガチャガチャと呼ばれるカプセルトイが、今、第4次ブームの到来ともいわれる人気となっています。市場規模はこの10年で100億円以上増え、年間400億円を超えていると推定されます。

134 ② カプセルトイは、ガチャ、またはガチャガチャと呼ばれ、訪日外国人の日本土産としても人気で、市場規模は現在、年間400億円以上に上ると見られます。近年、販売機が500台以上ある大規模な専門店も続々登場し、種類の多さと広く明るい店内で幅広い層の需要を取り込んでいます。かつては子どものおもちゃであったカプセルトイですが、本物そっくりの再現度で大人にも受け入れられるようになり、特に女性人気が高いということです。アニメのキャラクターなどのフィギュアは年齢、性別を問わない定番の人気商品ですが、企業とコラボした実在する商品のミニチュアのほか、その土地の名物や場所を再現したご当地アイテムなどが最近の人気で、企業の宣伝や地域活性化のツールにもなっています。高額化も進んでおり1回1,000円の真珠のアクセサリーのガチャガチャや、さらに高額な1,500円、2,000円のガチャガチャも登場しています。

135 ③ 運任せのガチャガチャですが、何が出てくるか分からないドキドキ感が一番の魅力と言えそうです。

コラム　〜カプセルトイはなぜガチャガチャというのか〜

カプセルトイは、アメリカで誕生したもので、1965年ごろ日本に輸入された。硬貨を入れてハンドルを回す時の「ガチャガチャ」という音から、そのように呼ばれるようになったといわれている。

第3章

社会・生活 14

1. 全体を理解する ― チャレンジしてみよう! ―

構成に注意しながらパート①〜③ 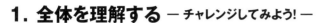136 〜 138 を聞いて、キーワードだと思う言葉をいくつか書き出しなさい。

2. ポイントをつかむ ―「〜が／〜は」と、それに続く動詞の部分に注意しよう! ―

パート① 136 をもう一度聞いて、その内容について答えなさい。

a. 以下を埋めなさい。（○には「が」か「は」を入れなさい。）

フィッシング対策協議会の発表で、不特定多数の人に、有名企業をかたった偽のメールやショートメッセージを送り、偽サイトに誘導してクレジットカードなどの個人情報を抜き取る＿＿＿＿＿＿＿＿＿＿＿＿＿＿先月

＿＿＿＿＿＿＿＿＿＿＿＿○＿＿＿＿＿＿＿＿＿＿＿。

b. ニュースの要点について、主語と述部を意識してまとめなさい。

3. 詳細を理解する

パート② 137 をもう一度聞いて、その内容について答えなさい。

a. パート①に出てくる「かたった」はパート②で何と言い換えているか。

b.「フィッシング詐欺」とはどのような犯罪か。（　　　）に適切な言葉を入れなさい。

フィッシング詐欺は、（　　　　　　　　　　）、（　　　　　　　　　　　）などを装った（　　　　　　　　　　）や、宅配便の（

　　　　　　　　　）などから（　　　　　　　　　　　　　　　　）に誘導し、その偽サイトに（　　）や（　　　　　　　　　）、（　　　　　　　　　　　）などを入力させて（　　　　　　　　　　　　　　）というもの。

c．3月に特に増えた詐欺サイトは何か。なぜ3月に増えたのか。

第3章

4. 展開をつかむ

パート③ ◁))138 をもう一度聞いて、その内容について答えなさい。

a．以下を埋めなさい。

＿＿＿＿＿＿＿＿＿＿＿＿＿＿＿、利用者向けに＿＿＿＿＿＿＿を作成し、＿＿＿＿＿＿＿＿＿＿＿＿ことや利用するサイトごとに＿＿＿＿＿＿＿＿を変えるなどの方法を紹介して、＿＿＿＿＿＿＿＿＿＿＿＿＿＿＿＿。

b．パート①、②の内容とどんな関係があるか考えなさい。

5. 発音を確認する

◁))136 ～ ◁))138 の後に続いて、同じように言いなさい。

6. 構成、内容、意味を確認する

スクリプトを声に出して読みなさい。

～解答と聞き取りのポイント～

1. 省略

2. a. スクリプト（🔊136 ①）参照
   b. フィッシング詐欺の報告数が先月過去最高だったことが分かった。

3. a. 装った
   ◆パート①の言葉をパート②で同じような意味の言葉に言い換えている例
   　「かたった」→「装った」
   ◆「～を{かたる／装う}」
   　地位などについて「～」であると嘘をついたり、「～」ではないのに「～」のふりをしたりして人をだますという意味。ニュースでは詐欺などの事件でよく使われる。
   b. 有名ECサイト
   　大手通信会社
   　電子メール
   　偽の不在通知のショートメッセージ
   　本物そっくりの偽サイト

   　ID

   　パスワード

   　クレジットカード情報
   　個人情報を盗み取る
   c. 電車のチケット予約サイトや郵便局をかたったサイト。
   　春休みの旅行や年度末の転居に合わせた移動、荷物の発送などでこれらのサイトの利用者が増えるため。

4. a. スクリプト（🔊138 ③）参照
   b. ①、②についてのフィッシング対策協議会の対応

フィッシング詐欺の報告数、過去最高

136 ① フィッシング対策協議会の発表で、不特定多数の人に、有名企業をかたった偽のメールやショートメッセージを送り、偽サイトに誘導してクレジットカードなどの個人情報を抜き取るフィッシング詐欺の報告数が先月過去最高だったことが分かりました。

137 ② フィッシング詐欺は、有名ECサイト、大手通信会社などを装った電子メールや、宅配便の偽の不在通知のショートメッセージなどから本物そっくりの偽サイトに誘導し、その偽サイトにIDやパスワード、クレジットカード情報などを入力させて個人情報を盗み取るというものです。フィッシング対策協議会によりますと、3月のフィッシング詐欺の報告件数は82,380件で、2月から33,769件も増加しました。特に電車のチケット予約サイトや郵便局をかたった詐欺サイトなどの割合が急増しており、春休みの旅行や年度末の転居に合わせた移動、荷物の発送など、この時期に増加する利用者を狙ったものと思われます。

138 ③ フィッシング対策協議会では、利用者向けにガイドラインを作成し、正しいURLにアクセスすることや利用するサイトごとにパスワードを変えるなどの方法を紹介して、被害に遭わないよう注意を促しています。

第3章

コラム　～事件でよく出てくる用語～

■痴漢　　　電車や夜道などで性的な嫌がらせをすること、または、そのような行為をする人。

■詐欺　　　人や企業をだまして損害を与えること。

■万引き　　買い物をするふりをして店の商品を盗むこと。

■ひったくり　人が身につけている物を、突然奪い取って逃げること。

■強盗　　　暴力や脅しで人の物を奪い取ること、または、そのような行為をする人。

■傷害致死　けがをさせてその人を死亡させること。

■過失致死(傷害)　不注意で人を死亡させる(人にけがをさせる)こと。

■業務上～　仕事に関連して～を行うこと。
　　　　　　例. 業務上過失傷害　業務上横領

■職務質問　警察官が、様子が不審な人を呼び止めて質問すること。

社会・生活 15

1. 全体を理解する ― チャレンジしてみよう！―

構成に注意しながらパート①〜③ ◁》**139**〜◁》**141** を聞いて、キーワードだと思う言葉をいくつか書き出しなさい。

2. ポイントをつかむ ― 「〜が／〜は」と、それに続く動詞の部分に注意しよう！―

パート① ◁》**139** をもう一度聞いて、その内容について答えなさい。

a．以下を埋めなさい。（○には「が」か「は」を入れなさい。）

今月15日朝、＿＿＿＿＿＿＿＿＿＿＿＿＿＿＿＿＿＿＿＿として、

＿＿＿＿＿＿＿＿＿＿＿＿＿＿＿東京都の迷惑防止条例違反などの疑いで

＿＿＿＿＿＿＿＿が、＿＿＿＿＿＿＿＿＿＿＿＿＿＿＿＿＿＿＿ ○、

警視庁が提供している「Digi Police（デジポリス）」という＿＿＿＿＿＿

＿＿＿＿＿＿＿＿＿＿＿＿＿＿＿＿。

b．ニュースの要点について、主語と述部を意識してまとめなさい。

3. 詳細を理解する

パート② ◁》**140** をもう一度聞いて、その内容について答えなさい。

a．このアプリにはどんな機能があるか。（　　　）に適切な言葉を入れなさい。

・（①　　　　　　　）機能
・（②　　　　　　　）機能
・犯罪が多発しているエリアを通ると通知してくれる（③　　　　　　　）機能

b. 逮捕の経緯について、（　　　　）に正しい番号を入れなさい。同じ番号を複数回使います。

（　　　　）はアプリの（　　　　）機能を使って車内の（　　　　）に（　　　　）を求めた。気づいた（　　　　）が（　　　　）を取り押さえた。

1. 乗客　　2. 男　　3. 被害女性　　4. 痴漢撃退　　5. 助け

4. 展開をつかむ

パート③ 🔊141 をもう一度聞いて、その内容について答えなさい。

a. 以下を埋めなさい。

このアプリでは、＿＿＿＿＿＿＿＿＿＿＿＿＿＿＿＿＿＿＿＿＿＿＿＿＿＿
「ちかん　されていませんか」という＿＿＿＿＿＿＿＿＿＿＿＿＿＿＿＿＿＿＿
＿＿＿＿、多くの人がダウンロードすることによって＿＿＿＿＿＿＿＿＿＿＿＿
＿＿＿＿＿＿＿＿＿＿＿＿＿＿＿＿＿＿。

b. パート①、②の内容とどんな関係があるか考えなさい。

5. 発音を確認する

🔊139 ～ 🔊141 の後に続いて、同じように言いなさい。

6. 構成、内容、意味を確認する

スクリプトを声に出して読みなさい。

～解答と聞き取りのポイント～

1. 省略

2. a．スクリプト（🔊**139** ①）参照
　　b．JRの車内で女性の体を触った男の逮捕のきっかけが防犯アプリだった。
　　　　◆前置きを表す「～逮捕されましたが、…」
　　　　　この文で重要な主語は「…」の中に出てくる「逮捕のきっかけとなったの」であり、「男」ではない。前置きの中に出てくる「が」のつく名詞を、文の重要な主語と勘違いしないように注意しよう。
　　　　◆「Aのきっかけ（となったの）は、Bである」
　　　　　「Bがあったから、Aが始まることになった」という意味。結論はAで、その始まりの理由や原因はBであると、Bを強調したい時などに使われる。AとBを取り違えないようにしよう。

3. a．①防犯ブザー
　　　　②痴漢撃退
　　　　③エリア通知
　　　　◆「AにはBが搭載されている」
　　　　　AにはBという機能や機材などが備わっていたり、ついていたりするという意味。

　　b．3
　　　　4
　　　　1
　　　　5
　　　　1
　　　　2

4. a．スクリプト（🔊**141** ③）参照
　　b．①、②についての追加情報と放送局のコメント

デジポリスで痴漢逮捕

139　① 今月15日朝、JRの車内で10代の女性の体を触ったとして、50代の会社員の男が東京都の迷惑防止条例違反などの疑いで逮捕されましたが、逮捕のきっかけとなったのは、警視庁が提供している「Digi Police（デジポリス）」という無料の防犯アプリでした。

140　② 「デジポリス」には、防犯ブザー機能や痴漢撃退機能、そして犯罪が多発しているエリアを通ると通知してくれるエリア通知機能など、様々な防犯機能が搭載されています。今回被害に遭った女性は、アプリの痴漢撃退機能を使って車内の乗客に助けを求めました。乗客は女性が示したスマホの画面の「痴漢です　助けてください」というメッセージと「やめてください」という音声に気づいて、男を取り押さえたということです。

141　③ このアプリでは、助けが必要な人に声をかけることなく確認するための「ちかん　されていませんか」というメッセージも表示することができ、多くの人がダウンロードすることによって痴漢防止効果が高まるのではないかと期待されています。

社会・生活 16

1. 全体を理解する — チャレンジしてみよう! —

構成に注意しながらパート①〜③ 🔊 **142**〜🔊 **144** を聞いて、キーワードだと思う言葉をいくつか書き出しなさい。

2. ポイントをつかむ — 「〜が／〜は」と、それに続く動詞の部分に注意しよう! —

パート① 🔊 **142** をもう一度聞いて、その内容について答えなさい。

a. 以下を埋めなさい。（○には「が」か「は」を入れなさい。）

厚生労働省の＿＿＿＿＿＿、＿＿＿＿＿＿＿＿＿＿＿＿＿＿＿＿48.3％と、

＿＿＿＿＿＿＿＿＿＿＿＿＿、OECD、経済協力開発機構の加盟国の中で

＿＿＿＿＿＿＿＿＿＿＿○＿＿＿＿＿＿＿＿。

b. ニュースの要点について、主語と述部を意識してまとめなさい。

3. 詳細を理解する

パート② 🔊 **143** をもう一度聞いて、その内容について答えなさい。

a. パート①の「相対的貧困率」は、パート②で具体的に何と言っているか。
（　　　）に適切な言葉や数字を入れなさい。

その国の（　　　　　　　　　）と比べて（　　　　　　　）状態の人の割合。
具体的には、（　　　　　　　）が定めた方法で算出された（　　　　　　　）と
いわれる基準値を（　　　　　　　）所得の人の割合。

b．調査の結果について、（　　　）に適切な言葉や数字を入れなさい。

（　　　　　　　　　　　　　　　　　　　）の貧困率が（　　　　）％なのに対し、
（　　　　　　　　　　　　）の貧困率は（　　　　）％と、（　　　　　　　　　　　　　　）
の中で（　　　　）水準にある。

c．日本の１人親家庭の貧困の背景は何か。

4. 展開をつかむ

パート③ ◁》144 をもう一度聞いて、その内容について答えなさい。

a．以下を埋めなさい。

政府の１人親家庭への支援対策によって、貧困率は前回調査より減少した
ものの、「生活が苦しい」と答えた＿＿＿＿＿＿＿前回より４ポイント多い、

＿＿＿＿＿＿＿＿＿＿。 ＿＿＿＿＿＿＿＿＿＿＿＿＿＿＿＿＿＿＿＿＿＿＿＿

＿＿＿。

b．パート①、②の内容とどんな関係があるか考えなさい。

5. 発音を確認する

◁》142 ～ ◁》144 の後に続いて、同じように言いなさい。

6. 構成、内容、意味を確認する

スクリプトを声に出して読みなさい。

〜解答と聞き取りのポイント〜

1. 省略

2. a. スクリプト（🔊**142** ①）参照
b. 調査で、1人親家庭の相対的貧困率が半数近くと、OECDの加盟国の中で高い水準にあることが分かった。
　　◆「相対的〜」
　　「〜」について、「ほかのものと比べて」という意味で使われる。
　　ニュースでは「相対的{に／な}〜」の形で使われることが多い。反対の意味を表す言葉に「絶対的{に／な}〜」がある。
　　　例．飛行機の相対的安全性は高いとされている。
　　　　　日本の環境技術は相対的に高く評価されている。

3. a. 標準的な生活　　貧しい　　OECD　　貧困線　　下回る
b. 大人が2人以上いる家庭　　11.2　　1人親家庭　　48.3
　　OECD加盟国　　高い
c. 母子家庭の母親が正社員ではなく、非正規雇用という不安定な雇用形態で働かざるを得ないこと。
　　◆「非〜」
　　「〜ではない」という意味。「非」がつくと、その後の言葉のアクセントが変化することがあるため非常に聞き取りにくい。1つのまとまった言葉として音声で覚えておこう。
　　ニュースでは「非公式のコメント」「非課税世帯」「非公開情報」などのように使われる。
　　◆「〜ざるを得ない」
　　ニュースでは「ほかからの強い力によって、〜するしか方法がない」と言いたい時によく使われる。「ない」という音はあるが「仕方なく〜する」という意味なので、否定だと勘違いしないようにしよう。

4. a. スクリプト（🔊**144** ③）参照
b. ①、②についての追加情報と放送局のコメント

1人親家庭の貧困率、依然高い水準

142 ① 厚生労働省の調査で、1人親家庭の相対的貧困率が48.3%と、半数近くに上っており、OECD、経済協力開発機構の加盟国の中で高い水準にあることが分かりました。

143 ② 相対的貧困とは、その国の標準的な生活と比べて貧しい状態のことで、その割合を相対的貧困率といいます。具体的には、OECDが定めた方法で算出された貧困線といわれる基準値を下回る所得の人の割合のことです。同省は今回の「貧困線」を124万円とし、世帯主が18歳以上65歳未満で子どもがいる家庭について調べました。それによると、大人が2人以上いる家庭の貧困率が11.2%なのに対し、母子家庭や父子家庭などの1人親家庭の貧困率は48.3%と半数近くに上るということです。これは、OECD加盟国の中でも高い水準となっています。この背景には、1人親家庭のおよそ9割を占める母子家庭の母親が、子育てのためにフルタイムで働く正社員ではなく、非正規雇用という不安定な雇用形態で働かざるを得ない日本の社会の厳しい現状があります。

144 ③ 政府の1人親家庭への支援対策によって、貧困率は前回調査より減少したものの、「生活が苦しい」と答えた母子家庭は前回より4ポイント多い、86.7%に達しています。より実効性の高い施策が急務となっています。

（資料：2019年国民生活基礎調査の概況）

※相対的貧困率は、OECDが2015年に改定した新基準による、2018年のデータに基づく

社会・生活 17

1. 全体を理解する — チャレンジしてみよう! —

構成に注意しながらパート①〜③ 🔊 **145** 〜 🔊 **147** を聞いて、キーワードだと思う言葉をいくつか書き出しなさい。

2. ポイントをつかむ —「〜が／〜は」と、それに続く動詞の部分に注意しよう! —

パート① 🔊 **145** をもう一度聞いて、その内容について答えなさい。

a. 以下を埋めなさい。（○には「が」か「は」を入れなさい。）

_____ ○ 21日、太陽の表面で爆発がおこる「太陽フレア」などの

極端な_____、最悪の場合、_____2週間

断続的に_____などといった_____

_____。

b. ニュースの要点について、主語と述部を意識してまとめなさい。

3. 詳細を理解する

パート② 🔊 **146** をもう一度聞いて、その内容について答えなさい。

a. 報告書で「最悪のシナリオ」として具体的に挙げられているものは何か。正しい番号をすべて選びなさい。

1. 通信や放送が2週間、全く使用できなくなる。
2. 携帯電話サービスが一部使用できなくなる。
3. GPSの精度に数100メートルの誤差が出る。
4. ドローンの衝突事故が起きる可能性がある。
5. 飛行機や船が運行できない状況が発生する。

b．極端な宇宙天気現象の発生はどのような影響を与えるおそれがあり、既にどんな被害が出ているか。（　　　）に適切な言葉を入れなさい。

（　　　　　　　　　）に（　　　　　　　）を発生させ、（　　　　　　　　　）活動に多大な影響を与えるおそれがある。既にアメリカのSpaceX社が打ち上げた（　　　）を（　　　　　　　　　）などの被害も出ている。

4. 展開をつかむ

パート③ 🔊147 をもう一度聞いて、その内容について答えなさい。

a．以下を埋めなさい。

このような「文明進化型の災害」に対応するため、報告書では、＿＿＿＿＿＿
＿＿＿＿＿＿危機管理にあたり、＿＿＿＿＿＿＿＿＿＿＿＿＿＿＿＿＿＿＿＿＿
＿＿＿＿＿＿＿。

b．パート①、②の内容とどんな関係があるか考えなさい。

5. 発音を確認する

🔊145 ～ 🔊147 の後に続いて、同じように言いなさい。

6. 構成、内容、意味を確認する

スクリプトを声に出して読みなさい。

～解答と聞き取りのポイント～

1. 省略

2. a. スクリプト（🔊 **145** ①）参照

b. 総務省が極端な宇宙天気現象による被害想定の報告書を発表した。

◆「断続的に～」
「切れたり（止まったり）続いたり」という意味。天気予報や株式市場のニュースなどでもよく使われる。「断続的に雪が降る」「断続的に売りが出た」などのように使う。

3. a. 2、4、5

◆「AがもたらすB」
「Aが原因となって、Bという状況が引き起こされる」という意味。「線状降水帯がもたらした大雨」「WEB3がもたらす社会変革」などのように使う。

b. 社会インフラ
異常
社会経済
衛星
40基喪失する

◆「AにBの誤差が生じる」
「AにB程度の違いが出る」という意味。ミスのレベルを表す時などに使う。

◆「～基」
クレーン、大砲など、地面に据え付けたものを数える時の助数詞。人工衛星は地面ではないが、軌道に据えて機能するものなので、数える時に「基」が使われている。

◆「喪失する」
「失う」という意味。似た音で「新しく作り出す」という反対の意味を持つ「創出」と聞き間違えないようにしよう。

4. a. スクリプト（🔊 **147** ③）参照

b. ①、②についての追加情報

◆「産学官が連携して～」
ニュースでは「産（民間企業など）と学（大学や研究機関など）と官（行政）が互いに協力して、～という社会課題を解決する」という意味を表す。具体的には、行政が後押しし、大学や研究機関などが持つ技術やノウハウを、民間企業などと協力して実用化するということを指す。

「太陽フレア」で最悪2週間、通信障害

🔊 **145** ① 総務省は21日、太陽の表面で爆発がおこる「太陽フレア」などの極端な宇宙天気現象によって、最悪の場合、通信や放送が2週間断続的に使えなくなるなどといった被害想定をまとめた報告書を発表しました。

🔊 **146** ② 報告書では、「太陽フレア」などの極端な宇宙天気現象がもたらす最悪のシナリオとして、通信や放送が2週間断続的に使用できなくなり、携帯電話サービスが一部停止することが指摘されています。また、GPSの精度に最大数十メートルの誤差が生じドローンなどの衝突事故が発生したり、航空機や船舶は世界的に運行見合わせの状況が発生したりするとしています。このように極端な宇宙天気現象は社会インフラに異常を発生させ、社会経済活動に多大な影響を与えるおそれがあります。2022年2月には、アメリカのSpaceX社が打ち上げた衛星を40基喪失するなどの被害も出ているということです。

🔊 **147** ③ このような「文明進化型の災害」に対応するため、報告書では、産学官が連携して危機管理にあたり、国家全体としてリスクに対応していくことが必要だとしています。

第3章

社会・生活 18

1. 全体を理解する — チャレンジしてみよう! —

構成に注意しながらパート①〜③ 🔊 **148** 〜 🔊 **150** を聞いて、キーワードだと思う言葉をいくつか書き出しなさい。

2. ポイントをつかむ — 「〜が／〜は」と、それに続く動詞の部分に注意しよう! —

パート① 🔊 **148** をもう一度聞いて、その内容について答えなさい。

a. 以下を埋めなさい。（○には「が」か「は」を入れなさい。）

人を笑わせ、考えさせる研究に対して贈られる_____を、今年も_____ ○_____。15年連続となります。

b. ニュースの要点について、主語と述部を意識してまとめなさい。

3. 詳細を理解する

パート② 🔊 **149** をもう一度聞いて、その内容について答えなさい。

a. イグ・ノーベル賞はノーベル賞の何といわれているか。

ｂ．歩きスマホとは何か。

ｃ．今年はどのような研究が受 賞 したか。研究によって何が明らかになったか。

4. 展開をつかむ

パート③ ◁)) 150 をもう一度聞いて、その内容について答えなさい。

ａ．以下を埋めなさい。

なお、＿＿＿＿＿＿＿＿＿＿＿＿＿＿＿＿＿＿がのちに＿＿＿＿＿＿＿＿＿＿＿＿＿

＿＿＿＿＿＿＿＿＿、過去に海外で＿＿＿＿＿＿＿＿＿＿＿＿＿＿＿＿＿＿＿。

ｂ．パート①、②の内容とどんな関係があるか考えなさい。

5. 発音を確認する

◁)) 148 ～ ◁)) 150 の後に続いて、同じように言いなさい。

6. 構成、内容、意味を確認する

スクリプトを声に出して読みなさい。

～解答と聞き取りのポイント～

1. 省略

2. a．スクリプト（🔊148 ①）参照

　　b．日本人が今年もイグ・ノーベル賞を受賞した。

3. a．パロディー版

　　◆「AはBとCをかけた言葉である」

　　「Aという新しい言葉は、Bという言葉の意味や音と、Cという言葉の意味や音を合わせて作った言葉である」という意味。Aは辞書にもないような聞き慣れない言葉が多いが、分かりにくい言葉が出てきても、続くBとCの内容が聞き取れれば、Aがどのような意味か想像できる。

　　◆「AのB版」

　　Aという元々あるものや本来のものをBという形式やイメージ、場所、時代に合わせて作り替えたものという意味。「映画の日本語吹き替え版」「O-NET（職業情報提供サイト）の日本版」「かぐや姫の現代版」などのように使う。

　　b．歩きながらスマートフォンを操作すること。

　　c．「歩きスマホ」で、歩行者が相手の動きを読み合う行動を科学的に証明した研究。

　　歩きスマホをしている本人はもちろん、周囲の人たちも相手の行動を読むことが妨げられるため、集団全体の歩行や速度が乱れるということ。

4. a．スクリプト（🔊150 ③）参照

　　b．①、②についての追加情報

　　◆「なお、～」

　　あることを述べてから、ほかのことをさらに言い添える時に使う。ニュースでは、前の文とは直接的には関係がない情報を付け加える時によく出てくる。

ユニークな研究でイグ・ノーベル賞受賞

148 ① 人を笑わせ、考えさせる研究に対して贈られるイグ・ノーベル賞を、今年も日本人が受賞しました。15年連続となります。

149 ② イグ・ノーベル賞は、人類に最も大きな貢献をした優れた人に贈られる「nobel賞」と、「恥ずべき」という意味の英語の「ignoble」をかけた言葉で、ノーベル賞のパロディー版ともいわれています。今年は、歩きながらスマートフォンを操作する「歩きスマホ」で歩行者が相手の動きを読み合う行動を科学的に証明したという研究で、京都工芸繊維大学の村上久助教らの研究チームが動力学賞を受賞しました。歩きスマホをしている人がいると、操作している人だけでなく、対向する人や同じ方向に進む人たちにもぶつからないよう、慌ててよけようとする行動が見られ、歩きスマホをしている本人はもちろん、周囲の人たちも相手の行動を読むことが妨げられるため、集団全体の歩行や速度が乱れるということを明らかにしました。過去にはカラオケを発明した人に対し、人々がお互いの歌を聞き我慢強くなれる新しい手段を提供したとして平和賞が、キスをすることによって、皮膚のアレルギー反応が低減することを実証したとしてアレルギー科の医師に医学賞が贈られるなど、テーマのユニークさが特徴です。

150 ③ なお、イグ・ノーベル賞の受賞者がのちにノーベル賞を受賞したという例は、過去に海外で一例だけあるということです。

著者

瀬川由美

　著書に、『人を動かす！ 実戦ビジネス日本語会話』、『改訂版 ニュースの日本語 聴解40』、『BJT ビジネス日本語能力テスト 聴解・聴読解 実力養成問題集 第2版』、『BJT ビジネス日本語能力テスト 読解 実力養成問題集 第2版』、『日常会話で親しくなれる！ 日本語会話 中上級』（以上スリーエーネットワーク）。

紙谷幸子

　（一財）国際教育振興会　日米会話学院　日本語研修所講師

　著書に、『人を動かす！ 実戦ビジネス日本語会話』、『改訂版 ニュースの日本語 聴解40』、『日常会話で親しくなれる！ 日本語会話 中上級』（以上スリーエーネットワーク）。

執筆協力者

北村貞幸

　元（一財）国際教育振興会　日米会話学院　日本語研修所講師

　著書に、『人を動かす！ 実戦ビジネス日本語会話』、『BJT ビジネス日本語能力テスト 聴解・聴読解 実力養成問題集 第2版』（以上スリーエーネットワーク）。

翻訳　　　　　　　　　　　　　　　　　**装丁・本文デザイン**

株式会社アーバン・コネクションズ（英語）　　山田武
徐前（中国語）
韓文化言語工房　中村克哉（韓国語）

改訂版　ニュースの日本語　聴解50

2010年8月20日　初版第1刷発行
2023年9月13日　改訂版第1刷発行

　　著　者　　瀬川由美　紙谷幸子
　　発行者　　藤嵜政子
　　発　行　　株式会社スリーエーネットワーク
　　　　　　　〒102-0083　東京都千代田区麹町3丁目4番
　　　　　　　　　　　　　トラスティ麹町ビル2F
　　　　　　　電話　営業　03（5275）2722
　　　　　　　　　　編集　03（5275）2725
　　　　　　　https://www.3anet.co.jp/
　　印　刷　　萩原印刷株式会社

ISBN978-4-88319-926-6　C0081

NEWS

改訂版
ニュースの日本語
聴解50

別冊

ニュースによく出る！
重要語彙・例文集

スリーエーネットワーク

重要語彙・例文

経済・金融1　🔊 151

□ 同伴（する）　15歳以下の子どものワクチン接種には、原則保護者の同伴が必要です。
　　　　　　　　帯着　동반하다　accompany

□ 同様　電子契約書は、紙の契約書と同様の法的効力があるとされています。
　　　　同等　마찬가지　same

□ 取り組む　最近はリユースに積極的に取り組む企業が増えています。
　　　　　　致力、着手　추진하다, 힘쓰다　engage in

□ 向上（する）　この会社ではサービスの向上を図るために、月に1回勉強会を行っています。
　　　　　　　提高　향상하다　improve

□ つながる　おいしそうに見える料理の写真が、店の売り上げアップにつながりました。
　　　　　　关系到　이어지다　lead to

□ もたらす　コロナは日本社会に急速なキャッシュレス化をもたらしました。
　　　　　　帯来　초래하다　bring about

□ 寄り添う　高齢化社会にあっては、患者の気持ちに寄り添った医療が求められます。
　　　　　　貼近　배려하다　be sensitive to

□ 提供（する）　この会社はマンションやアパートなどの住宅情報を提供しています。
　　　　　　　提供　제공하다　provide

□ 負荷　アクセスが集中してサーバーに負荷がかかり、ダウンしたと見られています。
　　　　負荷　부하　load

□ 素材　夏のシャツの素材は通気性の良いリネンが好まれます。
　　　　素材　소재　material

□ 採用（する）　新商品の企画会議で新人のアイデアが採用されました。
　　　　　　　采納　채용하다　adopt

□ 備品　机や椅子、パソコンなどの備品の管理は総務の重要な業務の1つです。
　　　　备用品　비품　equipment

□ 動線　店内の適切な動線作りは売り上げを左右します。
　　　　动作路线　동선　flow of people, animals, etc.

☐ お歳暮
お歳暮を贈る人は年々減ってきています。

年终礼品　세밑 선물　o-seibo (end-of-the-year gift)

☐ 伸び悩み
日本は諸外国に比べると、賃金の伸び悩みが目立っています。

增长缓慢　제자리걸음, 인상 둔화　low growth

☐ 商戦
11月に入り、都内のデパートでは早くもクリスマス商戦が始まりました。

商业竞争　상전, 판매 경쟁　sales battle

☐ 本格的
数日前から花粉が本格的に飛び始めました。

正式的　본격적　in full swing

☐ 本来
人間の体は本来、自分で病気を治す力があるといわれています。

本来　본래　originally / by nature

☐ 購入（する）
オンラインなら24時間チケットの購入が可能です。

购买　구입하다　purchase

☐ 傾向
近年、ボランティアに参加する人の数が増える傾向にあります。

倾向　경향　trend

☐ 需要
国内需要の減少で日本企業は海外市場に力を入れています。

需求　수요　demand

☐ 豊富
このレストランの料理には地元の食材が豊富に使われています。

大量、丰富　풍부하다　rich

☐ 取り揃える
この店では数百種類の防災グッズを取り揃えています。

备齐　골고루 갖추다　have an array of

☐ 老舗
日本には創業100年を超える老舗企業が数多くあります。

老铺子　노포, 대대로 물려 내려온 가게　longstanding store

☐ 工夫を凝らす
このテーマパークでは客を楽しませるために様々な工夫を凝らしています。

动脑筋、设法　궁리하다, 아이디어를 짜내다　exercise ingenuity

☐ 打ち出す
政府は少子化対策の新たな方針を打ち出しました。

提出　내세우다　launch / set out

☐ 幅広い
社長は今後、より幅広い年齢層に向けた商品を販売したいとしています。

广泛　폭넓다　wide

☐ 狙う
高齢者を狙った犯罪が急増しています。

针对、瞄准　노리다　aim for / target

☐ しのぎを削る
業界の激しい競争を勝ち抜くために、各社がしのぎを削っています。

交锋　각축을 벌이다　compete fiercely

経済・金融3 🔊153

□ 冷凍食品
冷凍食品の市場はその便利さとおいしさで今後成長するものと見られます。
冷冻食品　냉동 식품　frozen food

□ 品目
日本でアレルギー表示が必要な物質は2022年現在28品目あります。
品种　품목　item

□ 従来
新商品は従来品と比べて電力使用量を半分に抑えることができます。
过去、原有　종래　existing / conventional

□ 強み
当社の強みは長年培ってきた技術力です。
优势　강점　strong point

□ 後押し（する）
政府の後押しによって、韓国のエンタメ業界は大きく飛躍しました。
后援、支持　후원하다, 뒷받침하다　support

□ 強化（する）
リモートワークの増加でセキュリティ対策の強化が必要になってきました。
加强　강화하다　strengthen

□ 更なる
社長は「更なる成長を目指して挑戦を続けていきたい」と述べました。
进一步　가일층의, 더 한층의　further

□ 拡大（する）
近年、DXの市場規模は急速に拡大しています。
扩大　확대하다　expand

経済・金融4 🔊154

□ 志向
就職に関する調査で、安定志向の学生が増えていることが分かりました。
意向　지향　intention

□ 追い風
円安を追い風にインバウンド需要が伸びています。
(借～的) 东风、顺风　순풍　tailwind / favorable conditions

□ 重視（する）
最近は社員のデジタルリテラシーが重視される傾向にあります。
重视　중시하다　consider important

□ 投入（する）
この会社は来月、新型モデルを市場に投入する方針です。
投入　투입하다　launch

□ 風味
この会社はバターの風味を活かした焼き菓子が好評です。
风味　풍미　flavor

□ うたう
飲むだけで痩せるとうたっている健康食品には注意が必要です。
提倡、主张　주장하다　claim

□ 付加価値
共用のワークスペースという付加価値のある賃貸マンションが登場しました。
附加价值　부가 가치　added value

☐ 背景　（はいけい）
物価上昇の背景には原材料の高騰や円安による輸入コストの増加があります。

背景　배경　background

☐ 一因　（いちいん）
卵が値上がりしているのは、鳥インフルエンザの感染拡大も一因です。

一个原因　일인, 하나의 원인　one reason

☐ かつて
町はかつて石炭の生産で賑わっていましたが、現在は過疎化が進んでいます。

曾经　일찍이, 전에　in the past

経済・金融5　🔊 155

☐ 症状　（しょうじょう）
新型コロナウイルス感染症の初期症状には、発熱や咳などがあります。

症状　증상　symptom

☐ 訴える　（うった える）
パソコンを使う仕事が増え、目の疲れを訴える人が多くなっています。

诉说　호소하다　complain of

☐ 検出（する）　（けんしゅつ）
犯行現場から容疑者と同じ型のDNAが検出されました。

检测出　검출하다　detect

☐ 被害　（ひがい）
地震による被害は日を追うごとに拡大しています。

受灾　피해　damage

☐ 再発（する）　（さいはつ）
社長は事故の再発を防ぐために、新たな安全策を取るとしています。

再次发生　재발하다, 재발되다　recur

☐ 防止（する）　（ぼうし）
JR各社は転落防止のためのホームドアを全国の駅に設置することにしました。

防止　방지하다　prevent

☐ 徹底（する）　（てってい）
今回の情報漏洩事件で、社長は情報管理を徹底すると述べ、謝罪しました。

彻底　철저히 하다　do thoroughly

☐ 信頼回復　（しんらいかいふく）
社長は事件について謝罪し、「信頼回復に全力で取り組みたい」と述べました。

挽回信用　신뢰 회복　restoration of trust

☐ 義務　（ぎむ）
子育て支援は社会の義務であるという考え方が広がりつつあります。

义务　의무　obligation

経済・金融6　🔊 156

☐ フードテック
フードテックは食料不足を解決する技術として期待されています。

与食品相关的最先进技术　식품에 관한 최첨단 기술　FoodTech

☐ 業務　（ぎょうむ）
業務開始前の朝礼をしない会社が増えています。

工作、业务　업무　business

☐ 粉末　（ふんまつ）
コオロギを粉末にしてせんべいに入れた商品が売られています。

粉末　분말　powder

□ 栄養素 　炭水化物、タンパク質、脂質は3大栄養素と呼ばれています。

　　営养素　영양소　nutrient

□ 負担 　体への負担を30％軽減するリュックが発売されました。

　　负担　부담　burden / impact

□ 活用（する）　人材をうまく活用することが会社を成長させる鍵だといわれています。

　　利用　활용하다　utilize

□ 危機 　今回のエネルギー危機が日本にもたらす影響は深刻です。

　　危机　위기　crisis

□ 課題 　世界は今、環境破壊や差別など様々な課題を抱えています。

　　课题　과제　challenge

□ 普及（する）　AI技術の普及により、業務の効率化が進んでいます。

　　普及　보급하다，보급되다　spread / come into general use

□ 事前 　来場者は事前にチケットを購入する必要があるということです。

　　事前　사전　advance

□ 路線 　現在、この航空会社の路線数は国内線133路線、国際線58路線となっています。

　　路线　노선　route

経済・金融7　🔊157

□ 更新（する）　札幌は最高気温が10度と、これまでの記録を更新する暖かさとなりました。

　　刷新　경신하다　update / break (a record)

□ 販路 　当社は販路拡大戦略の1つとして、海外企業の買収を検討しています。

　　销路　판로　sales channel

□ 達成（する）　営業部は今期、1億円の売り上げ目標を達成しました。

　　达成　달성하다　achieve

経済・金融8　🔊158

□ 観測（する）　市場では金利が上がるとの観測が広がっています。

　　观测　관측하다　predict

□ 回避（する）　話し合いによって軍事衝突を回避することができました。

　　回避、避开　회피하다　avoid

□ 優勢 　今朝のニューヨーク外国為替市場は、ドル買いが優勢となっています。

　　优势　우세　ascendant

□ 懸念（する）　列車の事故が相次ぎ、鉄道の安全性への懸念が高まっています。

　　担心　우려하다　be concerned

□ 一時（いちじ）
運転を一時見合わせていた山手線は、午後3時10分に運転を再開しました。
一时　한때　temporarily

□ 値ごろ感（ねごろかん）
新会社は値ごろ感のある商品を提供することで顧客層の拡大を図っています。
恰当的价格　가격이 적당해 보임　affordability

□ 上昇（じょうしょう）（する）
エネルギー価格の上昇で、電力各社は電気料金の値上げを発表しました。
上涨　상승하다　rise

□ 展開（てんかい）（する）
社長は今後の事業展開について、本業に集中していきたいと述べました。
展开、发展　전개하다　develop

□ 当局（とうきょく）
当局は規制緩和に向けた法改正を早急に進めたいとしています。
当局　당국　authorities

□ 姿勢（しせい）
品質に対する厳しい姿勢がこの会社のブランド力を高めているといえます。
态度、姿态　자세　stance

□ 警戒感（けいかいかん）
欧米金融機関の信用不安に対し、市場関係者から警戒感が出始めています。
戒备、警惕　경계감　sense of caution

□ 投資（とうし）（する）
資産を効率的に増やすため、様々な金融商品に投資する若者が増えています。
投资　투자하다　invest

□ 当面（とうめん）
社長は2年以内に業界トップのシェアを取ることが当面の目標だと述べました。
当前　당면　for the time being

□ 攻防（こうぼう）
サッカーJリーグでは首位をめぐる激しい攻防が繰り広げられています。
攻守　공방　offense and defense

経済・金融9　🔊159

□ 決算（けっさん）
大企業の半分以上が決算期を3月としています。
决算　결산　fiscal settlement of accounts

□ 大幅（おおはば）
新社長は国内の半導体工場を大幅に増やすことを発表しました。
大幅　대폭　substantial

□ 推移（すいい）（する）
今年に入ってから、金の価格が高値で推移しています。
推移　추이하다　move

□ 振れる（ふれる）
アメリカの金融当局の発言によっては、株価が大きく振れる可能性があります。
摆动、浮动　흔들리다　turn

□ 順調（じゅんちょう）
個人消費が伸び、景気は順調な回復を見せています。
顺利　순조롭다　favorable

□ 物流（ぶつりゅう）
ネット通販の増加に伴い、当社の物流網は急速に拡大しています。
物流　물류　logistics

□ 逆風 ぎゃくふう
観光客の減少や自然災害など、近年観光業界に逆風が吹いています。
逆风　역풍　headwind / unfavorable conditions

□ 改定（する）かいてい
業務マニュアルの改定が行われ、仕事が効率的に進むようになりました。
修改、重新规定　개정하다　revise

□ 貢献（する）こうけん
新商品のヒットは今期の売り上げに大きく貢献しました。
贡献　공헌하다　contribute

□ 配慮（する）はいりょ
当社では健康に配慮した安全・安心な商品を提供しています。
注重、考虑　배려하다　take into consideration

□ 戦略 せんりゃく
市場戦略の見直しとターゲット層に合わせた商品開発が重要です。
战略　전략　strategy

□ 収益 しゅうえき
今の制度では、農業で高い収益を上げるのは難しいとされています。
收益　수익　profit

□ 確保（する）かくほ
当社は今期、広告収入の増加により黒字を確保する見通しです。
确保　확보하다　secure

経済・金融10　🔊 160

□ 損害 そんがい
自動車会社の倒産は関係先に大きな損害を与えるおそれがあります。
损害、损失　손해　damage

□ 契約（する）けいやく
警察庁では高齢者に対し、契約内容をよく確認するよう呼びかけています。
契约　계약하다　conclude a contract

□ 補償（する）ほしょう
治験依頼者は健康被害が生じた場合、被験者に補償をすることが求められます。
补偿　보상하다　compensate

□ 急激 きゅうげき
明日の朝は急激な気温の変化が予想されます。
急剧　급격하다　sharp and sudden

□ 評価（する）ひょうか
成果主義の導入で、公平かつ公正に人材を評価することが必要になりました。
评价　평가하다　evaluate

□ 廃止（する）はいし
鉄道会社は赤字路線の廃止を検討しています。
废止　폐지하다　discontinue

□ 短縮（する）たんしゅく
当社は従業員の勤務時間短縮で、ワークライフバランスの実現を目指します。
缩短　단축하다　reduce

□ 実情 じつじょう
この会社の社長は経営は順調だと言っていますが、実情は苦しいようです。
实际情况　실정　real situation

□ 反映（する）はんえい
この会社はユーザーの意見を反映したキッチン用品を新たに発売しました。
反映　반영하다　reflect

□ 見通し　OECDは世界経済見通しを上方修正しました。

展望、前景　전망　outlook

□ 収支　エネルギー価格の上昇で貿易収支が過去最大の赤字となりました。

収支　수지　income and expenditure

□ 改善（する）　生産ラインの改善により、生産性が向上しました。

改善　개선하다　improve

□ 考慮（する）　太陽光パネルの設置には近隣住民の意見を十分に考慮することが求められます。

考慮　고려하다　take into consideration

経済・金融11 🔊 161

□ 建設（する）　社長は東京郊外に大型ショッピングモールを建設する計画を明らかにしました。

建設　건설하다　construct

□ 合意（する）　東京食品と大阪流通は来年4月に合併することで合意しました。

达成协议　합의하다　agree

□ 規模　自然エネルギーの市場規模は今後拡大するものと見られています。

规模　규모　scale

□ 見込み　明日は天気が回復して晴れ間が広がる見込みです。

预计　전망　prospect

□ 就任（する）　次期社長には田中副社長が就任すると発表がありました。

就任　취임하다　be appointed to

□ 防災　近年、防災に対する国民の意識が高まっています。

防灾　방재　disaster-prevention

□ 受注（する）　先月の新商品の発売によって受注数が急増しました。

接受订货　수주하다　receive an order

□ 激化（する）　競合他社との競争の激化で、新たな市場開拓が必要になっています。

激化　격화하다, 격화되다　grow intense

□ 採算　地方空港の多くは採算が合わないといわれています。

核算　채산　profitability

□ 決断（する）　人手不足の企業は廃業を決断せざるを得ない状況に追い込まれています。

决断　결단하다　decide on

□ 築く　長年かけて築いた顧客との信頼関係を取り戻すには時間がかかりそうです。

确立　구축하다　build

□ 活かす　ビジネス経験を活かしたボランティアがシニアの間に広がっています。

利用、発揮　살리다　make use of

□ 閉鎖（する）　この工場は不況の影響で閉鎖されることになりました。

关闭　폐쇄하다　close down

□ 施設　郊外に大型商業施設ができ、駅前の商店街が深刻な影響を受けています。

设施　시설　facility

□ 再建（する）　社長は再建のため、リストラを行うことを決めました。

重建　재건하다　reorganize

□ 出資（する）　大手企業の出資を受けて設立されたこの新会社は急速に成長しています。

出资　출자하다　invest

□ 交渉（する）　社長は工場の公害対策について地元住民との交渉がまとまったと発表しました。

交涉　교섭하다　negotiate

□ 運営（する）　市は文化センターの運営を民間に委託する方針です。

运营　운영하다　operate

□ 断念（する）　社長はカントリーリスクを考え、この国への進出を断念しました。

放弃　단념하다　give up on

□ 破綻（する）　関係者の間で、信用不安が続いている銀行の経営破綻が懸念されています。

破绽、失败　파탄하다 , 파탄되다　fail

□ 撤退（する）　社長は国際情勢を踏まえ、市場からの撤退を決めました。

退出　철퇴하다　withdraw

□ 衰退（する）　長期的には石油産業は衰退していくと見られています。

衰退　쇠퇴하다 , 쇠퇴되다　decline

□ 設立（する）　その中国企業は来年3月に東京支店を設立し、日本市場に進出する計画です。

设立　설립하다　set up

□ 引き継ぐ　中小企業を中心に、事業を引き継ぐ後継者がいないことが問題になっています。

接替　인계하다　inherit

□ 調整（する）　会社の合併は人事の調整が一番難しいとされています。

调整　조정하다　adjust

□ 打診（する）　日銀の次期総裁について、数名の候補に打診しているとの情報が流れました。

探询　타진하다　approach / make an inquiry

□ 不透明　将来が不透明だとして、若者の間で消費を控える傾向が見られます。

不透明　불투명하다　opaque

□ 難色　防衛費の大幅な増額に与党の一部議員が難色を示しているということです。

难色　난색　disapproval

□ 調達（する）　社長は環境対応車の研究開発資金を市場から調達すると発表しました。

筹措　조달하다　procure

□ 需給　せいふはこの冬の電力需給の見通しを発表しました。

供求　수급　supply and demand

□ 見合う　優秀な人材の確保には、働きに見合った賃金制度の構築が必要です。

相符　상응하다　be commensurate with

□ 再生（する）　歴史的建築物を再生し、活用する動きが全国各地で見られます。

播放、翻新　재생하다　rehabilitate

□ 実現（する）　当社は脱炭素社会の実現に向けて様々な取り組みを行っています。

実現　실현하다　realize

経済・金融13　🔊163

□ 建て替え　社長は本社ビル建て替えの理由の1つに人材確保を挙げました。

重建　개축, 재건축　rebuilding

□ 整備（する）　古くなったインフラの整備の遅れは日本の大きな課題です。

維護配備　정비하다　perform maintenance

□ 選定（する）　経済産業省ではDX推進のため、優良事例を選定して公表しています。

选定　선정하다　select

□ 聖地　秋葉原はアニメの聖地として知られています。

圣地　성지　mecca

□ 老朽化（する）　全国で水道管の老朽化が進んでいます。

老朽化　노후화하다, 노후화되다　deteriorate

□ 著しい　コロナ前とコロナ後では働き方に著しい変化が見られます。

明显　현저하다　striking

□ 多様化（する）　この会社は多様化する生活スタイルに合わせた商品の開発で急成長しています。

多样化　다양화하다, 다양화되다　diversify

□ 応募（する）　新商品のプレゼントキャンペーンに多数の応募がありました。

应募　응모하다　apply for

□ 落札（する）　このプロジェクトには3社による入札があり、新アジア建設が落札しました。

中标　낙찰하다　make a successful bid

□ 騒音　工事現場では近隣への騒音対策が欠かせません。

噪音　소음　noise

□ 運用（する）　データセンターの運用には24時間365日の安定稼働が求められます。

运用　운용하다　operate

□ 完了（する）　会見で社長はプロジェクトの作業開始から完了までのプロセスを示しました。

完成、结束　완료하다, 완료되다　complete

経済・金融14 🔊164

☐ 水準（すいじゅん）
日本の消費者が求めるサービスの水準は、世界一高いといわれています。
水平　수준　standard

☐ 緩和（かんわ）（する）
新しい高速道路が開通し、渋滞が緩和されました。
缓和　완화하다　ease

☐ 維持（いじ）（する）
商品の品質を維持するため、価格改定に踏み切る企業が相次いでいます。
保持　유지하다　maintain

☐ 容認（ようにん）（する）
この会社では社員の副業を容認しています。
允许　용인하다　allow

☐ 明確（めいかく）
政府は国民に対して政策の方針や目的を明確に伝える責任があります。
明确　명확하다　clear

☐ 一段と（いちだんと）
今夜遅くから明日朝にかけて、東京では雨が一段と強くなる可能性があります。
更加　한층 더　even more

☐ 一層（いっそう）
相次ぐ値上げで消費者の生活防衛意識はより一層高まると見られています。
越发　한층 더　even more

☐ 鮮明（せんめい）
今回の日銀の発表で景気の回復が鮮明になりました。
清晰　선명하다　clear

☐ 見込む（みこむ）
明日から開かれる国際見本市には、9万人の来場が見込まれています。
估计　예상하다　anticipate

☐ ～時点（じてん）
3月卒業時点の大学生の就職内定率は前年と同水準になっています。
当时　시점　certain point in time

経済・金融15 🔊165

☐ 業績（ぎょうせき）
業績が好調な大手企業で賃上げの発表が相次いでいます。
业绩　업적　performance

☐ 仕入れ（しいれ）
コーヒー豆の価格の上昇で店では仕入れ価格の交渉が難しくなっています。
进货　매입　purchasing

☐ 燃料（ねんりょう）
今後、アジアの新興国を中心に化石燃料の需要が増えるものと思われます。
燃料　연료　fuel

☐ 踏み切る（ふみきる）
経営陣は業務効率化のため、大規模なITシステムの導入に踏み切りました。
决定实施　나서다, 단행하다　make a decisive move

経済・金融16　🔊166

☐ 公表（する）　消防法令に違反した建物等の情報は各消防本部のホームページで公表されます。

　　公布　공표하다　publicly announce

☐ 供給（する）　電力会社には安定的な電力の供給が求められます。

　　供给　공급하다　supply

☐ 感染症　感染症の拡大が深刻になっています。

　　感染症　감염증　infectious disease

☐ やむなく　システム障害により、オンラインセミナーがやむなく中止となりました。

　　不得不　부득이　unavoidably

☐ 旺盛　テレワークの普及でパソコン需要は旺盛なものの、供給が追いついていません。

　　旺盛　왕성하다　strong

☐ 転嫁（する）　社長はコストは上がっているが、メニュー価格には転嫁しないと明言しました。

　　转嫁　전가하다　pass on

☐ さほど　経済指標の数字は、前回の発表と比べてさほど変化は見られませんでした。

　　并非那么　그다지　not that much

☐ 業種　金融、製造、サービスなど様々な業種で環境への取り組みが進んでいます。

　　行业　업종　sector

☐ 動向　政府は為替市場の動向を慎重に見極めていく必要があるとしています。

　　动向　동향　trend

☐ 注視（する）　アナリストは今後の株価の動きを注視する必要があると話しています。

　　注视　주시하다　focus on

経済・金融17　🔊167

☐ 立ち上げる　社長は新たにヘルスサイエンス部門を立ち上げることを発表しました。

　　设立　창립하다, 개설하다　start up

☐ 投じる　この会社は新規事業に100億円を投じました。

　　投入　투자하다, 내놓다　invest

☐ 自給率　農水省は食料自給率を上げるための様々な取り組みを行っています。

　　自给率　자급률　self-sufficiency rate

☐ 掲げる　政府は2030年までに訪日外国人旅行者数6,000万人という目標を掲げています。

　　提出　내걸다, 내세우다　set out

☐ 転身（する）　テニス界で活躍した吉田選手が実業家に転身しました。

　　改变（身份、职业等）　전신하다　change career

□ 異例（いれい）
現職の首相が戦地を訪問するのは極めて異例のことです。
破例、特別事例　이례　unusual occurrence

□ 稼働（かどう）（する）
半導体工場はフル稼働の状態ですが、供給が追いつかないということです。
运转　가동하다　be in operation

□ 地域活性化（ちいきかっせいか）
最近は官民が一体となって地域活性化に取り組んでいます。
地域活性化　지역 활성화　regional revitalization

□ 果敢（かかん）
高校生がロケット開発に果敢に挑戦する姿がメディアに取り上げられました。
大胆、勇敢　과감하다　resolute

経済・金融18　🔊168

□ 指摘（してき）（する）
スマホの使い過ぎは脳に悪影響を与えかねないと専門家は指摘しています。
指出　지적하다　point out

□ 推進（すいしん）（する）
この地域では市民団体が資源ごみのリサイクル運動を推進しています。
推进　추진하다　promote

□ 格差（かくさ）
家庭の経済格差が子どもの教育格差を生んでいます。
差距　격차　disparity

□ 変革（へんかく）（する）
新しいテクノロジーの活用は企業に変革をもたらすといわれています。
变革　변혁하다　transform

□ 思考（しこう）（する）
ビジネスにおいては論理的、多面的、批判的思考力が重要です。
思考　사고하다　think

□ 知見（ちけん）
変化に対応するためには、常に最新の知見を取り入れていく必要があります。
知识、见解　지견, 식견　knowledge

□ 待ったなし（ま）
人類にとって気候変動への対策は待ったなしの状況です。
不能再等　더 이상 미룰 수 없음　no time to lose

経済・金融19　🔊169

□ 損失（そんしつ）
長年の顧客を失うことは企業にとって大きな損失です。
损失　손실　loss

□ 訴える（うった）
会社は不正行為により損害を受けたとして、元社員を訴えました。
起诉　제소하다, 고소하다　accuse

□ 命じる（めい）
最高裁は国と製薬会社に対し、原告1人当たり5,000万円の支払いを命じました。
命令　명하다, 명령하다　order

□ 賠償（ばいしょう）（する）
事故の責任は国にあるとして、住民側は賠償を求める方針です。
赔偿　배상하다　compensate

☐ 予測（する）　気象庁では各地の花粉のピーク予測を公表しています。
　　預測　예측하다　predict

☐ 敷地　コンビニの敷地内にコインランドリーが登場しました。
　　用地　부지　premises

☐ 講じる　議員は実効性のある少子化対策を講じなければ国の未来はないと訴えました。
　　采取措施　강구하다　implement

☐ 是非　エネルギー危機に直面する中、原発の是非を問う議論が活発化しています。
　　是与非、好坏　시비, 가부　pros and cons

☐ 予見（する）　裁判所は事故は予見できなかったとして被告に無罪を言い渡しました。
　　預見　예견하다　foresee

☐ 過失　病院は過失を認め、亡くなった患者と遺族に謝罪しました。
　　过失　과실　negligence

☐ 負う　経営者は従業員の健康と安全に責任を負う立場にあります。
　　承担　지다　bear

☐ 訴訟　著作権侵害に関する紛争が訴訟に発展し、当社は多大な損害を被りました。
　　诉讼　소송　lawsuit

経済・金融20　🔊170

☐ 確定（する）　最高裁は一審と二審の有罪判決を破棄し、これにより無罪が確定しました。
　　确定　확정하다, 확정되다　be decided

☐ 架空　消費者センターによると、架空請求の相談が後を絶たないということです。
　　虚假　가공, 가짜　fake

☐ 計上（する）　マリオ社が過去6年間で50億円の架空売り上げを計上していたことが分かりました。
　　计入　계상하다　record

☐ 偽る　生産地を偽って肉を販売しているスーパーが摘発されました。
　　假冒　위장하다, 속이다　falsify

☐ 不服　弁護側は判決を不服として控訴しました。
　　不服　불만스럽다　dissatisfied

☐ 監査（する）　不適切な保育を行った認可保育園に対し、市は特別監査を行いました。
　　监督审查　감사하다, 감찰하다　audit

☐ ずさん　ずさんな管理体制が有害物質の放出を招いたと専門家は指摘しています。
　　不认真、漏洞百出　허술하다　careless

☐ 登録（する）　富士山は2013年に世界遺産に登録されました。
　　登记　등록하다　register

☐ 法制化（する）　弁護士会は同性婚の法制化を求める声明を発表しました。

法制化　법제화하다　legalize

政治・行政1　🔊171

☐ 発火（する）　古くなった扇風機が発火する事故が相次いでいます。

起火　발화하다, 발화되다　catch fire

☐ 内蔵（する）　録画機能が内蔵されているテレビが高齢者に人気です。

内部装有　내장하다　have ... built-in

☐ 分別（する）　ごみの分別で焼却の際に出る温室効果ガスが削減できるということです。

分类　분별하다　separate

☐ 工程　この動画では製品が完成するまでの工程を実際の映像で紹介しています。

工序　공정　process

☐ 押し潰す　先日の地震では家屋が押し潰されるなどの被害がありました。

压碎　찌그러뜨리다, 무너뜨리다　crush

☐ 復旧（する）　昨夜からの大規模停電は朝8時現在、復旧のめどは立っていないとのことです。

修复、复原　복구하다　restore

☐ 修繕（する）　マンションを修繕するための積立金の値上げには総会での決議が必要です。

修缮　수선하다　do repair work

☐ 啓発（する）　社員教育の一環として社員の自己啓発を後押しする企業が増えています。

启发　계발하다　educate

政治・行政2　🔊172

☐ 発展（する）　地域の持続的な発展には、自治体と民間の連携が重要です。

发展　발전하다, 발전되다　develop

☐ 移住（する）　総務省は少子化に悩む自治体の移住推進の取り組み事例をまとめました。

移居　이주하다　move residence

☐ 施策　政府は子育て支援のための施策を積極的に進めています。

措施　시책　policy

☐ 食い止める　貨物船座礁事故で海洋に流出した油を食い止める作業が続いています。

遏制、控制　막아내다　stem

☐ 副業　従業員の副業を認める企業は全体の7割に上るということです。

副业　부업　side job

☐ 兼業（する）　千葉県に住む鈴木さんは農業とエンジニアを兼業しています。

兼职　겸업하다　have two jobs

□ 報酬 <ruby>報<rt>ほう</rt></ruby><ruby>酬<rt>しゅう</rt></ruby>　<ruby>議員<rt>ぎいん</rt></ruby><ruby>報酬<rt>ほうしゅう</rt></ruby><ruby>額<rt>がく</rt></ruby>が<ruby>見<rt>み</rt></ruby><ruby>直<rt>なお</rt></ruby>され、<ruby>現行<rt>げんこう</rt></ruby>より5<ruby>万円<rt>まんえん</rt></ruby><ruby>引<rt>ひ</rt></ruby>き<ruby>上<rt>あ</rt></ruby>げられるということです。

報酬　보수　remuneration

□ 募集（する）<ruby>募<rt>ぼ</rt></ruby><ruby>集<rt>しゅう</rt></ruby>　<ruby>市民音楽祭<rt>しみんおんがくさい</rt></ruby>の<ruby>参加者<rt>さんかしゃ</rt></ruby>を<ruby>募集<rt>ぼしゅう</rt></ruby>したところ、<ruby>高齢者<rt>こうれいしゃ</rt></ruby>の<ruby>応募<rt>おうぼ</rt></ruby>が<ruby>多数<rt>たすう</rt></ruby>ありました。

招募　모집하다　call for applications

□ 案件 <ruby>案<rt>あん</rt></ruby><ruby>件<rt>けん</rt></ruby>　<ruby>弁護士<rt>べんごし</rt></ruby>は<ruby>常<rt>つね</rt></ruby>に<ruby>多<rt>おお</rt></ruby>くの<ruby>案件<rt>あんけん</rt></ruby>を<ruby>抱<rt>かか</rt></ruby>えていて、<ruby>複数<rt>ふくすう</rt></ruby>の<ruby>依頼<rt>いらい</rt></ruby>を<ruby>同時<rt>どうじ</rt></ruby>にこなしています。

案件　안건　case

□ 立案（する）<ruby>立<rt>りつ</rt></ruby><ruby>案<rt>あん</rt></ruby>　AIシステム<ruby>導入<rt>どうにゅう</rt></ruby>で<ruby>最適<rt>さいてき</rt></ruby>な<ruby>生産計画<rt>せいさんけいかく</rt></ruby>がわずか1<ruby>時間<rt>じかん</rt></ruby>で<ruby>立案<rt>りつあん</rt></ruby>できるようになりました。

立案　입안하다　draft (a plan)

政治・行政3　◁)) 173

□ 占める <ruby>占<rt>し</rt></ruby>める　この<ruby>市<rt>し</rt></ruby>では<ruby>外国籍<rt>がいこくせき</rt></ruby>の<ruby>住民<rt>じゅうみん</rt></ruby>の<ruby>割合<rt>わりあい</rt></ruby>が<ruby>全体<rt>ぜんたい</rt></ruby>の3<ruby>分<rt>ぶん</rt></ruby>の1を<ruby>占<rt>し</rt></ruby>めています。

占　차지하다　account for

□ 後継者 <ruby>後継者<rt>こうけいしゃ</rt></ruby>　<ruby>政府<rt>せいふ</rt></ruby>は<ruby>中小企業<rt>ちゅうしょうきぎょう</rt></ruby>の<ruby>後継者<rt>こうけいしゃ</rt></ruby><ruby>探<rt>さが</rt></ruby>しを<ruby>支援<rt>しえん</rt></ruby>する<ruby>取<rt>と</rt></ruby>り<ruby>組<rt>く</rt></ruby>みを<ruby>強化<rt>きょうか</rt></ruby>しています。

継承人　후계자　successor

□ 雇用（する）<ruby>雇<rt>こ</rt></ruby><ruby>用<rt>よう</rt></ruby>　<ruby>雇用<rt>こよう</rt></ruby><ruby>維持<rt>いじ</rt></ruby>のため、ワークシェアリングを<ruby>導入<rt>どうにゅう</rt></ruby>する<ruby>企業<rt>きぎょう</rt></ruby>が<ruby>増<rt>ふ</rt></ruby>えています。

雇用　고용하다　employ

□ 廃業（する）<ruby>廃<rt>はい</rt></ruby><ruby>業<rt>ぎょう</rt></ruby>　<ruby>人手不足<rt>ひとでぶそく</rt></ruby>を<ruby>理由<rt>りゆう</rt></ruby>に<ruby>廃業<rt>はいぎょう</rt></ruby>する<ruby>中小企業<rt>ちゅうしょうきぎょう</rt></ruby><ruby>経営者<rt>けいえいしゃ</rt></ruby>が<ruby>増加<rt>ぞうか</rt></ruby>しています。

歇业　폐업하다　go out of business

□ 追い込む <ruby>追<rt>お</rt></ruby>い<ruby>込<rt>こ</rt></ruby>む　<ruby>長引<rt>ながび</rt></ruby>く<ruby>不況<rt>ふきょう</rt></ruby>で<ruby>多<rt>おお</rt></ruby>くの<ruby>企業<rt>きぎょう</rt></ruby>が<ruby>倒産<rt>とうさん</rt></ruby>に<ruby>追<rt>お</rt></ruby>い<ruby>込<rt>こ</rt></ruby>まれています。

逼至　몰아넣다　push towards

□ 円滑 <ruby>円<rt>えん</rt></ruby><ruby>滑<rt>かつ</rt></ruby>　グローバルビジネスの<ruby>円滑<rt>えんかつ</rt></ruby>な<ruby>推進<rt>すいしん</rt></ruby>には、<ruby>現地<rt>げんち</rt></ruby>の<ruby>商習慣<rt>しょうしゅうかん</rt></ruby>の<ruby>理解<rt>りかい</rt></ruby>が<ruby>欠<rt>か</rt></ruby>かせません。

顺利　원활하다　smooth

□ 成約（する）<ruby>成<rt>せい</rt></ruby><ruby>約<rt>やく</rt></ruby>　<ruby>商談<rt>しょうだん</rt></ruby>の<ruby>機会<rt>きかい</rt></ruby>を<ruby>活<rt>い</rt></ruby>かせず、<ruby>成約<rt>せいやく</rt></ruby>を<ruby>逃<rt>のが</rt></ruby>してしまうケースが<ruby>少<rt>すく</rt></ruby>なくありません。

订立合同　성약하다　conclude a contract

□ 仕組み <ruby>仕<rt>し</rt></ruby><ruby>組<rt>く</rt></ruby>み　<ruby>投資信託<rt>とうししんたく</rt></ruby>の<ruby>仕組<rt>しく</rt></ruby>みを<ruby>簡単<rt>かんたん</rt></ruby>に<ruby>説明<rt>せつめい</rt></ruby>したパンフレットが<ruby>小学校<rt>しょうがっこう</rt></ruby>で<ruby>配布<rt>はいふ</rt></ruby>されました。

结构　구조, 메커니즘　mechanism

□ 活力 <ruby>活<rt>かつ</rt></ruby><ruby>力<rt>りょく</rt></ruby>　<ruby>元気<rt>げんき</rt></ruby>で<ruby>活力<rt>かつりょく</rt></ruby>のある<ruby>毎日<rt>まいにち</rt></ruby>を<ruby>願<rt>ねが</rt></ruby>う<ruby>高齢者<rt>こうれいしゃ</rt></ruby><ruby>向<rt>む</rt></ruby>けのサプリメントが<ruby>人気<rt>にんき</rt></ruby>を<ruby>集<rt>あつ</rt></ruby>めています。

活力　활력　vitality

政治・行政4　◁)) 174

□ 策定（する）<ruby>策<rt>さく</rt></ruby><ruby>定<rt>てい</rt></ruby>　<ruby>総務省<rt>そうむしょう</rt></ruby>はデジタルインフラの<ruby>整備計画<rt>せいびけいかく</rt></ruby>を<ruby>策定<rt>さくてい</rt></ruby>、<ruby>公表<rt>こうひょう</rt></ruby>しました。

筹划制定　책정하다　formulate

□ 宣言（する）<ruby>宣<rt>せん</rt></ruby><ruby>言<rt>げん</rt></ruby>　<ruby>市長<rt>しちょう</rt></ruby>は<ruby>新<rt>あら</rt></ruby>たにスローガンを<ruby>掲<rt>かか</rt></ruby>げ、<ruby>飲酒運転<rt>いんしゅうんてん</rt></ruby>の<ruby>根絶<rt>こんぜつ</rt></ruby>を<ruby>宣言<rt>せんげん</rt></ruby>しました。

宣言　선언하다　declare

□ 排出（する）　二酸化炭素削減のために、排出量を見える化する製品の開発が広がっています。
　　排放　배출하다　emit

□ 根本的　エネルギーの安定供給のためには、需給構造を根本的に変える必要があります。
　　根本上　근본적　fundamentally

□ 現状　介護職の人手不足により、職員の供給が追いついていないのが現状です。
　　現状　현상, 현재의 상황　current situation

□ 明記（する）　著作物の無断転載は、出典を明記しても著作権侵害になることがあります。
　　写明　명기하다　state clearly

□ 捉える　アンケート回答者の7割が終活をポジティブに捉えていることが分かりました。
　　看做　받아들이다　perceive

□ 着実　首相は福島第1原発について、安全かつ着実に廃炉を進めると述べました。
　　稳步　착실하다　steady

□ 好循環　「女性活躍と経済成長の好循環実現に向けた検討会」が開催されました。
　　好循环　선순환　virtuous cycle

政治・行政5　🔊175

□ 派遣（する）　深刻なドライバー不足の中、ドライバーに特化した人材派遣サービスが話題です。
　　派遣　파견하다　dispatch

□ 突っ込む　営業中のスーパーに高齢者の運転する車が突っ込む事故がありました。
　　撞进　돌진하다　crash into

□ はねる　目撃者の話では、車ははねた人を助けることなく走り去ったということです。
　　撞倒　치다　hit

□ 見いだす　廃棄物に価値を見いだし、利益を上げている企業があります。
　　发现　발견하다　discover

□ 現〜　現体制を批判する動画を投稿した市民が逮捕されました。
　　現〜　현 〜　current 〜

□ 収容（する）　現在建設中のこのスタジアムは2万人の観客を収容できるということです。
　　收容、容纳　수용하다　imprison / accommodate

政治・行政6　🔊176

□ 養育（する）　子どもの貧困解決には、その養育を社会的に支援していくことが必要です。
　　养育　양육하다　bring up

□ 双方　日米双方の外務大臣による会談が行われることが発表されました。
　　双方　쌍방　both sides

□ 導入（する）　飲食チェーンの山田屋は4月から新メニューを導入することを決定しました。

　　推出、引进　도입하다　introduce

□ 虐待（する）　動物を飼う人が増える一方で、動物虐待事件が右肩上がりで増えています。

　　虐待　학대하다　abuse

□ 逃れる　元社長は脱税の罪を逃れようと国外への逃亡を図りました。

　　逃脱　면하다, 피하다　evade

□ 併記（する）　県警は西暦と元号を併記した運転免許証の交付を開始しました。

　　一并记载　병기하다　write two things together

□ 募る　子どもの心臓移植の渡米費用のために、両親が5億円の寄付を募っています。

　　募（捐）　모집하다　invite

政治・行政7　🔊 177

□ 特定（する）　勤続年数とは特定の会社で働き続けた年数のことです。

　　特定、特别规定　특정하다　specify

□ 解禁（する）　給与のデジタル払いが今年の4月から解禁されます。

　　解除禁令　해금하다　lift a ban

□ 指定（する）　学校が指定する制服は高額であるとして、見直しが検討されています。

　　指定　지정하다　designate

□ 努力義務　来月1日から自転車利用者のヘルメットの着用が努力義務化されます。

　　努力义务　노력 의무　obligation to make a sincere effort (to ~)

□ 制御（する）　台風を制御し、発電にも利用しようという新たなプロジェクトが始まりました。

　　驾驭、控制　제어하다　control

□ 利便性　政府はマイナンバー制度により、国民の利便性が向上するとしています。

　　便利性　편리성　convenience

政治・行政8　🔊 178

□ 候補　広島市長選は現職と新人合わせて3人の候補で争われることになりました。

　　候选人　후보　candidate

□ 均等　このレシピサイトでは柿を均等に切る方法を紹介しています。

　　均等　균등하다　equal

□ 促す　マイナンバーカード取得を促すキャンペーンにより申請率が上昇しました。

　　促进　촉구하다　encourage

□ 参画（する）　中東の大型石油プロジェクトに日本の企業が参画することが発表されました。

　　参与策划　참획하다, 참가하다　participate

□ 当選（する）　9日に行われた県議会議員選挙で、19人の新人が初当選しました。

当选　당선하다，당선되다　be elected

□ 施行（する）　改正育児・介護休業法は3つの段階に分けて施行されました。

实施　시행하다　bring into force

□ 下位　男女の格差調査で日本は先進国で最下位であることが分かりました。

低位　하위　low ranking

政治・行政9　🔊179

□ 空き家　増え続ける空き家問題に対し、政府は法改正で対策強化を図ります。

空置房屋　빈집　empty house

□ 改修（する）　スタジアムの大規模改修の費用をクラウドファンディングで募っています。

改建　개수하다　renovate

□ 財源　「こども家庭庁」の施策実行には、財源の確保が最大の課題です。

财源　재원　financial resources

政治・行政10　🔊180

□ 想定（する）　市町村では大規模災害を想定した避難訓練を定期的に行っています。

假设　상정하다　suppose

□ 備える　政府は会合で、北朝鮮の脅威に備え、情報収集に当たることを確認しました。

防备　대비하다　prepare for

□ 要請（する）　政府は国民に対し、不要不急の外出自粛を要請しました。

要求　요청하다　request

□ 発令（する）　津波警報の発表により、沿岸部全域に避難指示が発令されました。

发布命令　발령하다　(officially) declare

□ 設ける　この会社は従業員の満足度向上に向けた新たな休暇制度を設けました。

设定　마련하다　establish

□ 支障　ChatGPTの利用により、教育に支障が出ることを危惧する声もあります。

障碍　지장　hindrance

□ 万全を期す　厚労省は今後も医薬品の安全性の確保に万全を期すとしています。

以期万全　만전을 기하다　take all possible means

政治・行政11　🔊181

□ 予算　県は子育て支援のための予算を来年度の予算案に計上しました。

预算　예산　budget

□ 社会保障　社会保障制度を負担能力に応じた制度に改めることは、待ったなしの課題です。

社会保障　사회 보장　social security

□ 防衛（する）　政府は国際情勢を踏まえ、防衛政策の大転換に踏み切りました。

防卫　방위하다　defend

□ 昨今　昨今、日本においてもサイバー攻撃の潜在的なリスクが高まっています。

最近　요즘　recently

□ 緊迫（する）　世界情勢が緊迫する中、政府は今年度の防衛費の増額を決定しました。

紧张、紧迫　긴박하다　become tense

□ 発行（する）　大阪市は同市としては初めてのグリーンボンドを発行すると発表しました。

发行　발행하다　issue

□ 直ちに　ChatGPTについて、大臣は直ちに利用を規制する考えはないとしました。

立即　곧, 즉각　straight away

政治・行政12　🔊182

□ 貯蓄（する）　子どもがいる家庭の資産形成は、投資より貯蓄が多いことが分かりました。

储蓄　저축하다　save

□ 形成（する）　政府はデジタル社会を形成するための法整備を進めています。

形成　형성하다　create

□ 促進（する）　経産省ではクリーンエネルギー自動車の普及促進に取り組んでいます。

促进　촉진하다　promote

□ 拡充（する）　社長はお客様のニーズに応じたサービスの拡充を図っていきたいと述べました。

扩充　확충하다　expand

□ 運用（する）　金融庁は資産運用も盛り込んだ中高生向けの金融経済の教材を公開しました。

运用　운용하다　manage

□ ～本位　近年、興味本位で大麻に手を出して逮捕される若者が急増しています。

（以～为）本位　～위주　-oriented

□ 保有（する）　日銀が保有する国債の残高が過去最大になったことが分かりました。

持有　보유하다　own

社会・生活1　🔊183

□ 年の瀬　年の瀬を迎え、新年の準備が各地で行われています。

年末、年关　세밑, 연말　the end of the year

□ 押し迫る　年末も押し迫った今日、アメ横は正月の買い物客で賑わいました。

临近　다가오다, 박두하다　draw near / approach

□ 融合（する）　　この大学では、授業と実践を融合させた新たなプログラムを開発しています。

　　融合　융합하다　combine

□ 不法投棄（する）　市の山林でごみの不法投棄が後を絶たず、地元住民が困惑しています。

　　非法丢弃　불법 투기하다　illegally dump

□ 要因　　女性の活躍を妨げる要因に育児や介護があるといわれています。

　　重要原因　요인　factor

□ 主催（する）　この取り組みは経産省が主催するコンテストで優秀賞を獲得しました。

　　主办　주최하다　host

□ 汚染（する）　大気汚染が深刻なインドでは自動車のEV化が急速に進んでいます。

　　污染　오염하다　pollute

社会・生活2　◁))184

□ 彩る　日本の春を彩るソメイヨシノの開花が全国各地で進んでいます。

　　装点、点缀　꾸미다, 장식하다　add color to

□ 見頃　日光の紅葉が見頃を迎えています。

　　在好看的时候　한창 때　best time to see

□ 発祥の地　東京の日本橋郵便局は郵便発祥の地といわれています。

　　发祥地　발상지　birthplace

□ 緻密　プロジェクトを確実に遂行するには緻密な計画が必要です。

　　缜密　치밀하다　finely detailed

□ 認定（する）　学会は再生医療を安全に行える医療機関を認定する制度を導入する方針です。

　　认定　인정하다　certify

□ 主要〜　G7サミット、主要国首脳会議は毎年開かれます。

　　主要〜　주요 ~　major ~

社会・生活3　◁))185

□ 育児　市は育児に自信がないと悩む母親のための相談窓口を開設しました。

　　育儿　육아　childrearing

□ 激務　学校教員のなり手が少ないのは激務が原因だといわれています。

　　工作繁重　격무　exhausting work

□ 臨時　市の観光協会は桜の開花に合わせて臨時バスを運行するということです。

　　临时　임시　temporary

□ 担保（する）　原発の運転を再開するには安全を担保する仕組みが不可欠です。

　　保证　담보하다　guarantee

社会・生活4　🔊 186

□ 気軽（きがる）
この会社はメタバースで気軽に住宅購入の相談ができるサービスを始めました。
軽松　부담 없다　relaxed

□ 解放（かいほう）（する）
政府はテロ組織に拘束されている邦人の解放を強く求めました。
解除拘束、解放　해방하다　free

□ 満喫（まんきつ）（する）
上野公園を訪れた人々はマスクを外しての花見を満喫しています。
充分領略、飽尝　만끽하다　enjoy to the fullest

□ 収穫（しゅうかく）（する）
台風の接近に備え、市のりんご園は収穫を1週間早めました。
收获　수확하다　harvest

□ 登場（とうじょう）（する）
お台場に巨大なロボットが登場しました。
登场　등장하다　make an appearance

社会・生活5　🔊 187

□ 現行（げんこう）
今回の賃上げ幅は、現行の制度では過去最大の上昇ということです。
现行　현행　present

□ 規定（きてい）（する）
現在の刑法の性犯罪の規定は被害者に不利だという批判があります。
规定　규정하다　stipulate

□ 手当（てあて）
多くの企業で在宅勤務に伴う手当が払われていないことが分かりました。
补贴　수당　allowance

□ 支給（しきゅう）（する）
政府は児童手当を支給する対象を18歳までに引き上げる方針です。
支付　지급하다　pay

□ 概念（がいねん）
これまでの公衆トイレの概念を大きく変えるおしゃれな施設が登場しました。
概念　개념　concept

□ 覆す（くつがえす）
病院食はおいしくないという通説を覆す病院食が今、話題になっています。
推翻、改变　뒤집다　overturn

社会・生活6　🔊 188

□ 職務（しょくむ）
新人職員は「市民の目線に立って職務に当たりたい」と心構えを述べました。
职务　직무　work duties

□ 配置（はいち）（する）
市はすべての公立小学校にカウンセラーを配置することを決めました。
配备　배치하다　station

□ 待遇（たいぐう）
非正規従業員の待遇改善は産業界全体の課題です。
待遇　대우　treatment

□ 限定（げんてい）（する）
市は期間限定で地元産ワインの試飲会を開催しました。
限定　한정하다　limit

□ 取り巻く 　新型コロナによって子どもを取り巻く環境も大きく変わりました。

围绕　둘러싸다　surround

□ 構成（する）　新たに発足した情報開示の研究会は民間企業19社で構成されています。

构成　구성하다　form

社会・生活7 🔊189

□ 縛られる 　この会社は場所と時間に縛られない新たな働き方を模索してきました。

束缚　얽매이다　be restricted

□ 介護（する）　介護業界の人手不足が深刻化しています。

护理　간병하다　nurse

□ 背負う 　高橋選手は「国を背負って戦う重圧を感じている」と硬い表情で述べました。

背负　짊어지다　bear responsibility for

□ 唯一 　島内で唯一の病院が閉鎖されることになりました。

唯一　유일　(the) only

□ とらわれる 　新しい発想は先入観にとらわれずに物事を捉えることから生まれます。

局限于　사로잡히다　be constrained by

社会・生活8 🔊190

□ 日常的 　容疑者は母親に対し、日常的に暴力を振るっていたと見られています。

日常地、经常地　일상적　daily

□ 見守り 　子どもが改札を通過すると親にメールが届く見守りサービスが登場しました。

照看、看守　지켜보기　watching over

□ 送り迎え 　子どもの送り迎えが親にとって大きな負担となっていることが分かりました。

接送　송영, 전송과 마중　taking along and bringing home

□ 費やす 　家事に費やす時間の40％が10年以内に自動化されると見られています。

花费　쓰다, 소요하다　spend

□ つらさ 　生きるつらさを感じている子どもが増えているということです。

不易、艰难　괴로움　difficulties

社会・生活9 🔊191

□ 上陸（する）　この島へは東京都自然ガイドが同行しないと上陸できません。

登陆　상륙하다　make landfall / go ashore

□ 付近 　現場付近にいた人の話では、事故の直前に大きな音がしたということです。

附近　부근　vicinity

□ 勢力（せいりょく）　今回（こんかい）の選挙（せんきょ）では野党（やとう）が勢力（せいりょく）を伸（の）ばすと見（み）られています。

勢力、威力　세력　influence, force

□ 猛烈（もうれつ）　今年（ことし）に入（はい）り、世界中（せかいじゅう）で猛烈（もうれつ）な熱波（ねっぱ）や寒波（かんぱ）のニュースが相次（あいつ）いでいます。

猛烈、强烈　맹렬하다　intense

□ 記録的（きろくてき）　今年（ことし）の夏（なつ）は全国（ぜんこく）で記録的（きろくてき）な暑（あつ）さとなりました。

创纪录的　기록적　record-breaking

□ 運休（うんきゅう）（する）　大雨（おおあめ）による列車（れっしゃ）の運休（うんきゅう）や遅（おく）れで、およそ6万人（まんにん）の通勤客（つうきんきゃく）に影響（えいきょう）が出（で）ました。

停驶　운휴하다　suspend operations

□ 終日（しゅうじつ）　小型（こがた）ジェット機（き）のパンクの影響（えいきょう）で空港（くうこう）は終日閉鎖（しゅうじつへいさ）されました。

一整天　종일　all day

□ 発着（はっちゃく）（する）　東京駅（とうきょうえき）などの新幹線（しんかんせん）のターミナル駅（えき）では多数（たすう）の列車（れっしゃ）が発着（はっちゃく）しています。

出发和到达　발착하다，출발하고 도착하다　depart and arrive

□ 勧告（かんこく）（する）　不適切（ふてきせつ）な保育（ほいく）を行（おこな）ったとして、県（けん）は保育園（ほいくえん）の運営法人（うんえいほうじん）に改善（かいぜん）を勧告（かんこく）しました。

劝告　권고하다　recommend

社会・生活10　🔊192

□ 震源（しんげん）　今回（こんかい）の地震（じしん）で震源（しんげん）に近（ちか）かった東町（ひがしちょう）では多数（たすう）の死者（ししゃ）が出（で）ました。

震源　진원　epicenter

□ 観測（かんそく）（する）　北海道（ほっかいどう）でオーロラが観測（かんそく）されました。

观察　관측하다　monitor / observe

□ 推定（すいてい）（する）　警察（けいさつ）は被害者（ひがいしゃ）の死亡時刻（しぼうじこく）を午後（ごご）11時頃（じごろ）と推定（すいてい）しています。

推定　추정하다　estimate

□ 倒壊（とうかい）（する）　崖（がけ）の上（うえ）に建（た）っていた住宅（じゅうたく）が倒壊（とうかい）する事故（じこ）が発生（はっせい）しました。

倒塌　무너지다　collapse

□ 立（た）ち入（い）る　気象庁（きしょうちょう）は浅間山（あさまやま）の火口付近（かこうふきん）には立（た）ち入（い）らないよう呼（よ）びかけています。

进入　들어가다　enter

□ 心（こころ）がける　身近（みぢか）な感染対策（かんせんたいさく）として帰宅後（きたくご）の早（はや）めの手洗（てあら）いを心（こころ）がけましょう。

注意　유의하다　be mindful of

□ 緩（ゆる）む　脱線事故（だっせんじこ）の原因（げんいん）は線路（せんろ）のボルトが緩（ゆる）んでいたことによるものです。

松动　느슨해지다　loosen

□ 落（お）ち着（つ）く　トラブルが起（お）きた場合（ばあい）は、まず、落（お）ち着（つ）いて対応（たいおう）することが大切（たいせつ）です。

沉着、冷静　침착하다　be calm

社会・生活11 🔊193

☐ 耐震（たいしん）
マンションの耐震化工事には数億円の費用がかかるといわれています。
耐震　내진, 지진에 견딤　seismic resistance

☐ 不燃（ふねん）
昨年の市のごみの量は可燃ごみ、不燃ごみともに大幅に削減されました。
不可燃燒　불연, 불에 타지 않음　incombustibility

☐ 領域（りょういき）
当社は新領域事業として掲げるスマートシティサービスの実証実験を行います。
領域　영역　area

☐ ～棟（むね）
今日午後、北市の住宅密集地で火事があり、住宅4棟が全焼しました。
～棟　～ 채　(number of) building(s)

☐ 甚大（じんだい）
県は地震で甚大な被害を受けたトルコに義援金を送付しました。
巨大, 非常大　심대하다　huge

社会・生活12 🔊194

☐ 開催（する）（かいさい）
長崎市で平和を考えるイベントが開催されました。
举办　개최하다　hold

☐ 縮小（する）（しゅくしょう）
リモートワークの導入でオフィスを縮小する会社が増えています。
缩小　축소하다　shrink

☐ あいにく
東京では桜が見頃を迎えていますが、週末はあいにくの雨となりそうです。
不湊巧　공교롭게　unfortunately

社会・生活13 🔊195

☐ 再現（する）（さいげん）
さくら大学は脳の視覚情報を解読し、画像の再現に成功したと発表しました。
再现　재현하다　reproduce

☐ 定番（ていばん）
複数のコーヒーチェーン店がラテなどの定番メニューの値上げを決めました。
常规, 基本　대표, 단골　standard

☐ 実在（する）（じつざい）
国防総省はUFOは実在するとして調査のための新たな部署を設置しました。
实际存在　실재하다　exist

☐ ご当地（ごとうち）
県はご当地グルメの情報専門サイトを開設しました。
当地　특정 지역, 향토　local

☐ ～任せ（まかせ）
新社長は「デジタル化を人任せにせず、率先して行いたい」と述べました。
委托于～　－에게 내맡김　leaving up to someone/something

社会・生活14　🔊196

□ 誘導（する）
地域の消防団は災害発生時に住民の避難誘導を行います。
引导　유도하다　guide

□ 抜き取る
職員のパソコンからデータを抜き取ろうとするウィルスが検出されました。
盗取　빼내다　extract

□ 通知（する）
このニュースアプリでは設定した時間帯に最新のニュースの通知が届きます。
通知　통지하다　notify

□ 転居（する）
市は県外に転居した男性に誤って投票所入場券を郵送したということです。
迁居、搬家　전거하다，이사하다　relocate

社会・生活15　🔊197

□ 違反（する）
警視庁は来月から交通違反をした自転車の取り締まりを強化します。
违反　위반하다　violate

□ 疑い
警察は複数のグループが関与した疑いがあると見て、捜査を続けています。
嫌疑　혐의　suspicion

□ 逮捕（する）
自転車の高齢者をはねて逃走したとして、女が警察に逮捕されました。
逮捕　체포하다　arrest

□ 防犯
犯行の一部始終は店内に設置されていた防犯カメラに写っていました。
防盗　방범　crime prevention

□ 撃退（する）
カラスのふんの被害多発を受け、市はカラス撃退に向けて対策を講じました。
击退　격퇴하다　repel

□ 犯罪
犯罪のない安全な町を目指し、市は防犯のための行動計画をまとめました。
犯罪　범죄　crime

□ 多発（する）
美容機器での事故が多発していることから、消費者庁は規制に乗り出しました。
频发　다발하다　occur frequently

□ 表示（する）
外国産を国産と偽って表示する産地偽装事件が後を絶ちません。
标示　표시하다　display

社会・生活16　🔊198

□ 貧困
このボランティア団体は貧困に苦しむ国の人々を支援しています。
贫困　빈곤　poverty

□ 加盟（する）
商店街では倒産や廃業で商店会に加盟する店が減少しています。
加盟　가맹하다　become a member of

□ 標準
肥満度を表す指標であるBMIが22の時の体重が標準体重とされています。
标准　표준　standard

☐ 貧しい	コロナは豊かな人をより豊かにし、貧しい人をより貧しくしました。	
	貧窮　가난하다　poor	
☐ 算出（する）	経済波及効果は「産業関連表」という統計表を用いて算出されます。	
	計算出　산출하다　calculate	
☐ 基準	大気や水質などの環境基準は法律で定められています。	
	基准　기준　standards	
☐ 所得	消費税は所得が低くなるほど負担が大きくなる傾向にあります。	
	收入　소득　income	
☐ 正規	偽グッズを正規品のように見せかけて販売していた業者が摘発されました。	
	正规　정규　regular / legitimate	
☐ 実効性	政府による少子化対策は実効性を伴っていないと批判の声が上がっています。	
	实效　실효성　effectiveness	

社会・生活17　🔊199

☐ 爆発（する）	市内の工場でガス爆発があり、6人が病院に運ばれたということです。	
	爆炸　폭발하다　explode	
☐ 極端	多くの専門家は「極端な気象の原因は地球温暖化だ」と指摘しています。	
	极端　극단적이다　extreme	
☐ 現象	今年の冬はラニーニャ現象の影響で厳しい寒さになると予測されています。	
	现象　현상　phenomenon	
☐ 精度	この会社は地雷が存在する場所を高精度で予測するシステムを開発しました。	
	精度　정밀도, 정확도　precision	
☐ 衝突（する）	市内でトラックと歩行者が衝突する事故がありました。	
	碰撞　충돌하다　collide	
☐ 異常	作業員が設備の異常に気づかず、対応が遅れたことで被害が拡大しました。	
	异常　이상　anomaly	
☐ 多大	木村社長はシステム障害で各方面に多大な迷惑をかけたとして辞任しました。	
	极大　막대하다　significant	
☐ 打ち上げる	明日、新型ロケットが種子島宇宙センターから打ち上げられる予定です。	
	发射　발사하다　launch	
☐ 進化（する）	急速に進化するAIが人類の脅威になるとの懸念が高まっています。	
	进化、演化　진화하다, 진화되다　evolve	
☐ 国家	AIの開発競争が加速する中、与党はAI国家戦略の策定を提言しました。	
	国家　국가　nation	

社会・生活18 🔊200

□ 受賞（する）　日本人でノーベル経済学賞を受賞した人はまだいません。

获奖　수상하다　receive an award

□ 優れる　この会社が開発した新素材は吸水性に優れています。

优秀、优越　우수하다　excel

□ 操作（する）　市内でドローンの操作を学ぶイベントが開かれました。

操纵　조작하다　use / operate

□ 証明（する）　卒業証明書とは、学校を卒業したことを証明する書類です。

証明　증명하다　prove / certify

□ ぶつかる　自転車が歩行者にぶつかって歩行者が死亡する事故が増加しています。

碰撞　부딪치다, 들이받다　crash into

□ 慌てる　専門家はクマに遭遇した際、慌てて大声を出してはいけないといいます。

惊慌　당황하다　panic

□ よける　逆走するトラックをよけようとした車が別の車に衝突する事故がありました。

躲避　피하다　avoid

□ 妨げる　専門家はドローンの運用を妨げる要因の1つは電波法だと指摘しています。

妨碍　방해하다　hinder

□ 乱れる　ストレスなどで自律神経が乱れると花粉症の症状が悪化するということです。

乱、紊乱　흐트러지다, 어지러워지다　become disturbed

□ 実証（する）　市はドローンを活用した医療物資輸送の実証実験を行うと発表しました。

实际验证　실증하다　demonstrate the viability of

索　引

経……経済・金融
政……政治・行政
社……社会・生活

あ

あいにく		社12
あきや	空き家	政 9
あとおし（する）	後押し（する）	経 3
あわてる	慌てる	社18
あんけん	案件	政 2

い

いかす	活かす	経11
いくじ	育児	社 3
いじ（する）	維持（する）	経14
いじゅう（する）	移住（する）	政 2
いじょう	異常	社17
いちいん	一因	経 4
いちじ	一時	経 8
いちじるしい	著しい	経13
いちだんと	一段と	経14
いっそう	一層	経14
いつわる	偽る	経20
いはん（する）	違反（する）	社15
いれい	異例	経17
いろどる	彩る	社 2

う

うたう		経 4
うたがい	疑い	社15
うちあげる	打ち上げる	社17
うちだす	打ち出す	経 2
うったえる	訴える	経 5
うったえる	訴える	経19
うながす	促す	政 8
うんえい（する）	運営（する）	経12
うんきゅう（する）	運休（する）	社 9
うんよう（する）	運用（する）	経13
うんよう（する）	運用（する）	政12

え

えいようそ	栄養素	経 6
えんかつ	円滑	政 3

お

おいかぜ	追い風	経 4
おいこむ	追い込む	政 3
おう	負う	経19
おうせい	旺盛	経16
おうぼ（する）	応募（する）	経13
おおはば	大幅	経 9
おくりむかえ	送り迎え	社 8
おしせまる	押し迫る	社 1
おしつぶす	押し潰す	政 1
おせいぼ	お歳暮	経 2
おせん（する）	汚染（する）	社 1
おちつく	落ち着く	社10

か

かい	下位	政 8
かいきん（する）	解禁（する）	政 7
かいご（する）	介護（する）	社 7
かいさい（する）	開催（する）	社12
かいしゅう（する）	改修（する）	政 9
かいぜん（する）	改善（する）	経10
かいてい（する）	改定（する）	経 9
がいねん	概念	社 5
かいひ（する）	回避（する）	経 8
かいほう（する）	解放（する）	社 4
かかげる	掲げる	経17
かかん	果敢	経17
かくう	架空	経20
かくさ	格差	経18
かくじゅう（する）	拡充（する）	政12
かくだい（する）	拡大（する）	経 3
かくてい（する）	確定（する）	経20
かくほ（する）	確保（する）	経 9

かしつ ──────── 過失 ──────── 経19

かだい ──────── 課題 ──────── 経 6

かつて ──────── 経 4

かつよう（する）──── 活用（する）──── 経 6

かつりょく ────── 活力 ──────── 政 3

かどう（する）──── 稼働（する）──── 経17

かめい（する）──── 加盟（する）──── 社16

かんこく（する）─── 勧告（する）──── 社 9

かんさ（する）──── 監査（する）──── 経20

かんせんしょう ──── 感染症 ─────── 経16

かんそく（する）─── 観測（する）──── 経 8

かんそく（する）─── 観測（する）──── 社10

かんりょう（する）── 完了（する）──── 経13

かんわ（する）──── 緩和（する）──── 経14

き

きがる ──────── 気軽 ──────── 社 4

きき ──────── 危機 ──────── 経 6

きじゅん ─────── 基準 ──────── 社16

きずく ──────── 築く ──────── 経11

きてい（する）──── 規定（する）──── 社 5

きぼ ──────── 規模 ──────── 経11

ぎむ ──────── 義務 ──────── 経 5

ぎゃくたい（する）── 虐待（する）──── 政 6

ぎゃくふう ────── 逆風 ──────── 経 9

きゅうげき ────── 急激 ──────── 経10

きょうか（する）─── 強化（する）──── 経 3

きょうきゅう（する）─ 供給（する）──── 経16

ぎょうしゅ ────── 業種 ──────── 経16

ぎょうせき ────── 業績 ──────── 経15

ぎょうむ ─────── 業務 ──────── 経 6

きょくたん ────── 極端 ──────── 社17

きろくてき ────── 記録的 ─────── 社 9

きんとう ─────── 均等 ──────── 政 8

きんぱく（する）─── 緊迫（する）──── 政11

く

くいとめる ────── 食い止める ───── 政 2

くつがえす ────── 覆す ──────── 社 5

くふうをこらす ──── 工夫を凝らす ──── 経 2

け

けいかいかん ──── 警戒感 ─────── 経 8

けいこう ─────── 傾向 ──────── 経 2

けいじょう（する）── 計上（する）──── 経20

けいせい（する）─── 形成（する）──── 政12

けいはつ（する）─── 啓発（する）──── 政 1

けいやく（する）─── 契約（する）──── 経10

げきか（する）──── 激化（する）──── 経11

げきたい（する）─── 撃退（する）──── 社15

げきむ ──────── 激務 ──────── 社 3

けっさん ─────── 決算 ──────── 経 9

けつだん（する）─── 決断（する）──── 経11

けねん（する）──── 懸念（する）──── 経 8

げん〜 ──────── 現〜 ──────── 政 5

けんぎょう（する）── 兼業（する）──── 政 2

げんこう ─────── 現行 ──────── 社 5

けんしゅつ（する）── 検出（する）──── 経 5

げんしょう ────── 現象 ──────── 社17

げんじょう ────── 現状 ──────── 政 4

けんせつ（する）─── 建設（する）──── 経11

げんてい（する）─── 限定（する）──── 社 6

こ

ごうい（する）──── 合意（する）──── 経11

こうけいしゃ ───── 後継者 ─────── 政 3

こうけん（する）─── 貢献（する）──── 経 9

こうじゅんかん ──── 好循環 ─────── 政 4

こうしょう（する）── 交渉（する）──── 経12

こうじょう（する）── 向上（する）──── 経 1

こうじる ─────── 講じる ─────── 経19

こうしん（する）─── 更新（する）──── 経 7

こうせい（する）─── 構成（する）──── 社 6

こうてい ─────── 工程 ──────── 政 1

こうにゅう（する）── 購入（する）──── 経 2

こうひょう（する）── 公表（する）──── 経16

こうほ ──────── 候補 ──────── 政 8

こうぼう ─────── 攻防 ──────── 経 8

こうりょ（する）─── 考慮（する）──── 経10

こころがける ──── 心がける ────── 社10

こっか ──────── 国家 ──────── 社17

ごとうち ─────── ご当地 ─────── 社13

こよう（する） ──── 雇用（する） ──── 政 3
こんぽんてき ──── 根本的 ──── 政 4

さ

ざいげん ──── 財源 ──── 政 9
さいけん（する） ──── 再建（する） ──── 経12
さいげん（する） ──── 再現（する） ──── 社13
さいさん ──── 採算 ──── 経11
さいせい（する） ──── 再生（する） ──── 経12
さいはつ（する） ──── 再発（する） ──── 経 5
さいよう（する） ──── 採用（する） ──── 経 1
さくてい（する） ──── 策定（する） ──── 政 4
さっこん ──── 昨今 ──── 政11
さほど ──── ──── 経16
さまたげる ──── 妨げる ──── 社18
さらなる ──── 更なる ──── 経 3
さんかく（する） ──── 参画（する） ──── 政 8
さんしゅつ（する） ──── 算出（する） ──── 社16

し

しいれ ──── 仕入れ ──── 経15
しきち ──── 敷地 ──── 経19
しきゅう（する） ──── 支給（する） ──── 社 5
じきゅうりつ ──── 自給率 ──── 経17
しくみ ──── 仕組み ──── 政 3
しこう ──── 志向 ──── 経 4
しこう（する） ──── 思考（する） ──── 経18
しこう（する） ──── 施行（する） ──── 政 8
しさく ──── 施策 ──── 政 2
ししょう ──── 支障 ──── 政10
しせい ──── 姿勢 ──── 経 8
しせつ ──── 施設 ──── 経12
じぜん ──── 事前 ──── 経 6
じつげん（する） ──── 実現（する） ──── 経12
じっこうせい ──── 実効性 ──── 社16
じつざい（する） ──── 実在（する） ──── 社13
じつじょう ──── 実情 ──── 経10
じっしょう（する） ──── 実証（する） ──── 社18
してい（する） ──── 指定（する） ──── 政 7
してき（する） ──── 指摘（する） ──── 経18
じてん ──── 時点 ──── 経14

しにせ ──── 老舗 ──── 経 2
しのぎをけずる ──── しのぎを削る ──── 経 2
しばられる ──── 縛られる ──── 社 7
しめる ──── 占める ──── 政 3
しゃかいほしょう ──── 社会保障 ──── 政11
しゅうえき ──── 収益 ──── 経 9
しゅうかく（する） ──── 収穫（する） ──── 社 4
しゅうし ──── 収支 ──── 経10
じゅうし（する） ──── 重視（する） ──── 経 4
しゅうじつ ──── 終日 ──── 社 9
しゅうぜん（する） ──── 修繕（する） ──── 政 1
しゅうにん（する） ──── 就任（する） ──── 経11
しゅうよう（する） ──── 収容（する） ──── 政 5
じゅうらい ──── 従来 ──── 経 3
じゅきゅう ──── 需給 ──── 経12
しゅくしょう（する） ──── 縮小（する） ──── 社12
しゅさい（する） ──── 主催（する） ──── 社 1
じゅしょう（する） ──── 受賞（する） ──── 社18
じゅちゅう（する） ──── 受注（する） ──── 経11
しゅっし（する） ──── 出資（する） ──── 経12
しゅよう〜 ──── 主要〜 ──── 社 2
じゅよう ──── 需要 ──── 経 2
じゅんちょう ──── 順調 ──── 経 9
しょうじょう ──── 症状 ──── 経 5
じょうしょう（する） ──── 上昇（する） ──── 経 8
しょうせん ──── 商戦 ──── 経 2
しょうとつ（する） ──── 衝突（する） ──── 社17
しょうめい（する） ──── 証明（する） ──── 社18
じょうりく（する） ──── 上陸（する） ──── 社 9
しょくむ ──── 職務 ──── 社 6
しょとく ──── 所得 ──── 社16
しんか（する） ──── 進化（する） ──── 社17
しんげん ──── 震源 ──── 社10
じんだい ──── 甚大 ──── 社11
しんらいかいふく ──── 信頼回復 ──── 経 5

す

すいい（する） ──── 推移（する） ──── 経 9
すいじゅん ──── 水準 ──── 経14
すいしん（する） ──── 推進（する） ──── 経18
すいたい（する） ──── 衰退（する） ──── 経12

すいてい（する）............ 推定（する）............ 社10
すぐれる...................... 優れる...................... 社18
ずさん... 経20

せ

せいき........................... 正規........................... 社16
せいぎょ（する）............ 制御（する）............ 政 7
せいち........................... 聖地........................... 経13
せいど........................... 精度........................... 社17
せいび（する）............... 整備（する）............ 経13
せいやく（する）............ 成約（する）............ 政 3
せいりょく.................... 勢力........................... 社 9
せおう........................... 背負う....................... 社 7
せつりつ（する）............ 設立（する）............ 経12
ぜひ.............................. 是非........................... 経19
せんげん（する）............ 宣言（する）............ 政 4
せんてい（する）............ 選定（する）............ 経13
せんめい....................... 鮮明........................... 経14
せんりゃく.................... 戦略........................... 経 9

そ

そうおん....................... 騒音........................... 経13
そうさ（する）............... 操作（する）............ 社18
そうてい（する）............ 想定（する）............ 政10
そうほう....................... 双方........................... 政 6
そくしん（する）............ 促進（する）............ 政12
そざい........................... 素材........................... 経 1
そしょう....................... 訴訟........................... 経19
そなえる....................... 備える....................... 政10
そんがい....................... 損害........................... 経10
そんしつ....................... 損失........................... 経19

た

たいぐう....................... 待遇........................... 社 6
たいしん....................... 耐震........................... 社11
たいほ（する）............... 逮捕（する）............ 社15
だしん（する）............... 打診（する）............ 経12
ただい........................... 多大........................... 社17
ただちに....................... 直ちに....................... 政11
たちあげる.................... 立ち上げる............... 経17
たちいる....................... 立ち入る................... 社10

たっせい（する）............ 達成（する）............ 経 7
たてかえ....................... 建て替え................... 経13
たはつ（する）............... 多発（する）............ 社15
たようか（する）............ 多様化（する）......... 経13
たんしゅく（する）......... 短縮（する）............ 経10
だんねん（する）............ 断念（する）............ 経12
たんぽ（する）............... 担保（する）............ 社 3

ち

ちいきかっせいか............ 地域活性化............... 経17
ちけん........................... 知見........................... 経18
ちみつ........................... 緻密........................... 社 2
ちゃくじつ.................... 着実........................... 政 4
ちゅうし（する）............ 注視（する）............ 経16
ちょうせい（する）......... 調整（する）............ 経12
ちょうたつ（する）......... 調達（する）............ 経12
ちょちく（する）............ 貯蓄（する）............ 政12

つ

ついやす....................... 費やす....................... 社 8
つうち（する）............... 通知（する）............ 社14
つっこむ....................... 突っ込む................... 政 5
つながる... 経 1
つのる........................... 募る........................... 政 6
つよみ........................... 強み........................... 経 3
つらさ... 社 8

て

てあて........................... 手当........................... 社 5
ていきょう（する）......... 提供（する）............ 経 1
ていばん....................... 定番........................... 社13
てったい（する）............ 撤退（する）............ 経12
てってい（する）............ 徹底（する）............ 経 5
てんか（する）............... 転嫁（する）............ 経16
てんかい（する）............ 展開（する）............ 経 8
てんきょ（する）............ 転居（する）............ 社14
てんしん（する）............ 転身（する）............ 経17

と

とうかい（する）............ 倒壊（する）............ 社10
とうきょく.................... 当局........................... 経 8

どうこう	動向	経16
とうし（する）	投資（する）	経 8
とうじょう（する）	登場（する）	社 4
とうじる	投じる	経17
とうせん（する）	当選（する）	政 8
どうせん	動線	経 1
とうにゅう（する）	投入（する）	経 4
どうにゅう（する）	導入（する）	政 6
どうはん（する）	同伴（する）	経 1
とうめん	当面	経 8
どうよう	同様	経 1
とうろく（する）	登録（する）	経20
とくてい（する）	特定（する）	政 7
としのせ	年の瀬	社 1
とらえる	捉える	政 4
とらわれる		社 7
とりくむ	取り組む	経 1
とりそろえる	取り揃える	経 2
とりまく	取り巻く	社 6
どりょくぎむ	努力義務	政 7

な

ないぞう（する）	内蔵（する）	政 1
なんしょく	難色	経12

に

にちじょうてき	日常的	社 8
にんてい（する）	認定（する）	社 2

ぬ

ぬきとる	抜き取る	社14

ね

ねごろかん	値ごろ感	経 8
ねらう	狙う	経 2
ねんりょう	燃料	経15

の

のがれる	逃れる	政 6
のびなやみ	伸び悩み	経 2

は

はいぎょう（する）	廃業（する）	政 3
はいけい	背景	経 4
はいし（する）	廃止（する）	経10
はいしゅつ（する）	排出（する）	政 4
ばいしょう（する）	賠償（する）	経19
はいち（する）	配置（する）	社 6
はいりょ（する）	配慮（する）	経 9
ばくはつ（する）	爆発（する）	社17
はけん（する）	派遣（する）	政 5
はたん（する）	破綻（する）	経12
はっか（する）	発火（する）	政 1
はっこう（する）	発行（する）	政11
はっしょうのち	発祥の地	社 2
はっちゃく（する）	発着（する）	社 9
はってん（する）	発展（する）	政 2
はつれい（する）	発令（する）	政10
はねる		政 5
はばひろい	幅広い	経 2
はんえい（する）	反映（する）	経10
はんざい	犯罪	社15
ばんぜん	万全	政10
はんろ	販路	経 7

ひ

ひがい	被害	経 5
ひきつぐ	引き継ぐ	経12
びひん	備品	経 1
ひょうか（する）	評価（する）	経10
ひょうじ（する）	表示（する）	社15
ひょうじゅん	標準	社16
ひんこん	貧困	社16
ひんもく	品目	経 3

ふ

フードテック		経 6
ふうみ	風味	経 4
ふか	負荷	経 1
ふかかち	付加価値	経 4
ふきゅう（する）	普及（する）	経 6
ふきん	付近	社 9

ふくぎょう ……………………… 副業 ………………… 政 2
ふたん（する） …………………… 負担（する）……… 経 6
ぶつかる …………………………… 社18
ふっきゅう（する）……………… 復旧（する）……… 政 1
ぶつりゅう ………………………… 物流 ……………… 経 9
ふとうめい ………………………… 不透明 …………… 経12
ふねん ……………………………… 不燃 ……………… 社11
ふふく ……………………………… 不服 ……………… 経20
ふほうとうき（する）………… 不法投棄（する）… 社 1
ふみきる …………………………… 踏み切る ………… 経15
ふれる ……………………………… 振れる …………… 経 9
ぶんべつ（する）………………… 分別（する）……… 政 1
ふんまつ …………………………… 粉末 ……………… 経 6

へ

へいき（する）…………………… 併記（する）……… 政 6
へいさ（する）…………………… 閉鎖（する）……… 経12
へんかく（する）………………… 変革（する）……… 経18

ほ

ぼうえい（する）………………… 防衛（する）……… 政11
ぼうさい …………………………… 防災 ……………… 経11
ぼうし（する）…………………… 防止（する）……… 経 5
ほうしゅう ………………………… 報酬 ……………… 政 2
ほうせいか（する）……………… 法制化（する）…… 経20
ぼうはん …………………………… 防犯 ……………… 社15
ほうふ ……………………………… 豊富 ……………… 経 2
ほしゅう（する）………………… 募集（する）……… 政 2
ほしょう（する）………………… 補償（する）……… 経10
ほゆう（する）…………………… 保有（する）……… 政12
〜ほんい …………………………… 〜本位 …………… 政12
ほんかくてき ……………………… 本格的 …………… 経 2
ほんらい …………………………… 本来 ……………… 経 2

ま

〜まかせ …………………………… 〜任せ …………… 社13
まずしい …………………………… 貧しい …………… 社16
まったなし ………………………… 待ったなし ……… 経18
まんきつ（する）………………… 満喫（する）……… 社 4

み

みあう ……………………………… 見合う …………… 経12
みいだす …………………………… 見いだす ………… 政 5
みこみ ……………………………… 見込み …………… 経11
みこむ ……………………………… 見込む …………… 経14
みごろ ……………………………… 見頃 ……………… 社 2
みだれる …………………………… 乱れる …………… 社18
みとおし …………………………… 見通し …………… 経10
みまもり …………………………… 見守り …………… 社 8

む

〜むね ……………………………… 〜棟 ……………… 社11

め

めいかく …………………………… 明確 ……………… 経14
めいき（する）…………………… 明記（する）……… 政 4
めいじる …………………………… 命じる …………… 経19

も

もうける …………………………… 設ける …………… 政10
もうれつ …………………………… 猛烈 ……………… 社 9
もたらす …………………………… 経 1

や

やむなく …………………………… 経16

ゆ

ゆいいつ …………………………… 唯一 ……………… 社 7
ゆうごう（する）………………… 融合（する）……… 社 1
ゆうせい …………………………… 優勢 ……………… 経 8
ゆうどう（する）………………… 誘導（する）……… 社14
ゆるむ ……………………………… 緩む ……………… 社10

よ

よういく（する）………………… 養育（する）……… 政 6
よういん …………………………… 要因 ……………… 社 1
ようせい（する）………………… 要請（する）……… 政10
ようにん（する）………………… 容認（する）……… 経14
よける ……………………………… 社18
よけん（する）…………………… 予見（する）……… 経19
よさん ……………………………… 予算 ……………… 政11

索引　な〜よ

よそく（する）──────── 予測（する）──────経19
よりそう ──────────── 寄り添う──────── 経　1

ら

らくさつ（する）──────── 落札（する）──────経13

り

りつあん（する）──────── 立案（する）──────政　2
りべんせい ──────────── 利便性──────── 政　7
りょういき ──────────── 領域──────── 社11
りんじ ──────────── 臨時──────── 社　3

れ

れいとうしょくひん ──────── 冷凍食品──────── 経　3

ろ

ろうきゅうか（する）──────── 老朽化（する）────経13
ろせん ──────────── 路線──────── 経　6